제2판

Introduction to Law

법학개론

권순현

박영사

제2판 머리말

2020년에 책을 출판한 이후 5년이 지났다. 학교의 법학개론 수업을 위하여 책을 시간적 여유 없이 만들 수밖에 없었다. 요즘 대학의 강의 역시 변화가 많았다. 법학과 학생들에게 법학을 입문하는 강의도 있고, 교양과목으로 여러 학과 학생들에게 법학을 소개하는 강의도 있다.

현재 이러한 두 가지 강의에 교재로 사용되고 되고 있다. 주로 필자가 소속된 학교에서 강의 교재로 사용되기도 하고 그 외 대학에서는 교양강좌 교재로 사용이 되었다.

다른 대학의 교양강좌로 사용되는 경우에 그 강의를 담당하시는 분으로부터 책에 대한 질문도 받은 적이 있었다. 본 교재의 특징으로는 일단 책의 분량이 적은 점을 지적하고 싶다. 다른 책의 분량의 3분의 1 정도이다. 이런 점이 이 책의 강점인 것 같기도 하다.

이 책의 전편은 법학이론의 일반적인 이론을 설명하고 있다. 방대한 법학 이론을 압축하여 100여 쪽으로 요약을 하였다. 자세한 내용보다는 가장 핵심적인 부분을 설명하고 쉬운 예를 들었다. 후편은 기본3법인 헌법, 민법, 형법을 요약하여 설명하였다. 사실 기본3법의 내용도 매우 방대한 분량이지만 전체를 조망하기 위하여 주요 제목과 내용으로 요약을 하여 소개하였다.

초판이후 5년 만에 2판을 출판할 수 있어 감사하게 생각한다. 초판

책을 수정하면서 주로 형식적인 부분에 대하여 손을 보았다. 글자 중에 오자나 탈자가 있는 부분을 고치고 띄어쓰기 부분을 바로잡았다. 또한 책에 인용된 여러 법률의 명칭이 바뀐 것도 있고 없어진 법률 등도 있어서 이러한 내용을 수정하였다. 책의 가독성과 내용 이해에 도움이 될 것이다. 원래 계획은 헌법 부분을 보강하는 것이었는데, 헌법의 통치구조 부분을 요약하여 포함시키고 기본권 부분에서 주요 헌법재판소 판례를 추가하는 것이었다. 그러나 시간적 여유가 없어서 이 계획은 다음 기회로 미루기로 했다.

이 책은 법학개론서 중에서 가장 적은 분량으로 요약하여 내용을 소개하고 있다. 이러한 방법이 초학자에게는 내용을 쉽고 선명하게 받아들일 수 있을 것이다. 사실 이 책의 내용만 이해하고 반복하여 정독하여도 매우 효율적인 학습 효과를 얻을 수 있을 것이다. 부족한 교재이나 여러 대학의 강의 교재로 선택을 받아 온 것을 감사하게 생각한다.

이 책을 출판할 수 있도록 도움을 준 독자분과 박영사와 그 출판 직원 분들께 감사의 마음을 전한다.

2025. 2. 16. 과천 연구실에서
권 순 현

머리말

2020년 신학기가 다가오고 있으나 모든 일정이 연기되고 있다. 전세계적으로 코로나19가 기승을 부려 어려움이 많다. 조속히 해결이 되어 편안한 마음으로 신입생과 수업을 하고 싶은 마음이다.

법학개론 강의는 늘 있어 왔는데, 종래에는 피앤씨미디어 출판사에서 나온 법학개론을 교재로 사용하여 왔다. 2013년에 초판이 나온 책으로 필자도 공저자로 참여한 책이었다. 벌써 6년 정도 사용한 책이었으나, 그동안 필요성을 늘 생각해 오면서 미루어 왔는데, 2020년 올해에 필자 단독으로 책을 내게 되었다.

대학에서 법학개론 강의는 오랜 역사를 가진 강의이고 시중에 '법학개론'이라는 이름으로 나온 책도 많은 편이다. 책의 편제는 법의 기초이론과 중요한 개별법으로 구성되는 것이 통례인데 실제로 강의는 법의 기초이론과 공법 과목으로서 헌법을 하다가 학기가 끝나는 경우가 많았다.

필자도 법의 기초이론 부분을 다루고 그다음 중요한 개별법으로는 헌법, 형법, 민법을 소개하는 것으로 한정하였다. 다른 책을 보면 중요한 개별법으로 행정법, 국제법, 상법, 소송법 등도 추가하여 소개하니 책이 두꺼운 경우가 많았다. 필자는 그러한 개별법은 생략하는 것이 좋다고 판단하여 기본3법으로 헌법, 형법, 민법만을 대상으로 하였다.

법의 기초이론의 구성은 다른 교재보다는 풍부하게 설명하고자 하였다. 중요한 개별법 중에서 가장 많은 부분은 헌법으로 정하였다. 필자 생각으로는 법의 기초이론과 최고법인 헌법을 소개하는 것이 법학개론에서는 가장 중요하고 타당한 내용으로 파악하였기 때문이다.

헌법도 헌법총론과 기본권 부분을 중심으로 구성하였다. 즉, 통치구조론(국가조직작용론)은 간략하게 정리하는 것으로 하였다. 물론 헌법 다음에 형법과 민법의 중요한 원리와 내용을 추가로 소개하였다.

법학개론 과목의 목적은 법학을 공부하기 위한 첫걸음이라고 생각하면 좋을 것이다. 법의 목적, 법의 이념, 법의 분류 등이 등장한다. 흔히 법학은 어렵거나 딱딱한 과목으로 생각하기 쉬우나 실상은 그러하지 않다. 법학은 상식에 기초를 두고 있고 일상생활에서 빈번히 일어나는 일을 대상으로 하고 있어 흥미를 느끼고 천천히 접근하면 쉽고 재미있는 과목이 될 수 있다.

필자가 가장 많이 권하는 방법은 첫째, 법의 용어를 많이 익히는 것이 필요하다는 것이다. 이러한 용어가 모여서 개념이 되고 이를 바탕으로 이해가 이루어지기 때문이다. 둘째, 법의 문제를 실제 생활의 사례로 풀어서 이해하라는 것이다. 어려워 보이는 것도 실제 예로 생각하면 이해도 쉽고 기억도 잘 되기 때문이다.

법학개론을 만드는 과정에서 타이핑을 도와준 용재 씨와 출판사 박영사에 감사의 마음을 전하며, 헌법 통치구조론 중에서 국회, 정부, 법원 부분은 좀 더 양을 늘리고 싶은 마음도 있었으나 이는 다음을 기약하기로 하고, 향후 책의 부족한 점은 의견을 경청하여 차차 보완하고자 한다.

2020. 2. 20
권 순 현

차례

제1편 법의 일반이론

제1장 법의 본질 ·· 3

제1절 법의 개념 ·· 3

  1. 법과 사회 ·· 3

  2. 법규범 ·· 4

  3. 법과 관련된 용어 ·· 8

제2절 법의 구조 ·· 9

  1. 서설 ·· 9

  2. 행위규범과 강제규범 ·· 9

  3. 조직규범 ·· 10

제2장 법의 목적과 이념 ·· 12

제1절 서론 ·· 12

제2절 법의 목적 ·· 13

  1. 경제적 목적 ·· 14

  2. 도덕적 목적 ·· 14

  3. 문화적 목적 ·· 14

  4. 복지 ·· 15

제3절 법의 이념 ·· 15

  1. 정의 ·· 16

  2. 합목적성 ·· 17

  3. 법적 안정성 ·· 18

제3장 법과 다른 사회규범과의 관계 20
제1절 서론 20
제2절 법과 관습 20
제3절 법과 종교 22
제4절 법과 도덕 22
  1. 법과 도덕의 차이점 23
  2. 법과 도덕의 상호관계 25
제5절 법과 정치 26
제6절 법과 경제 27

제4장 법의 계통 29
제1절 서론 29
제2절 대륙법계와 영미법계의 특징 30
제3절 대륙법계 31
  1. 로마법계 31
  2. 게르만법계 32
제4절 영미법계 33
  1. 영·미법의 특징 33
  2. 영국법의 특징 34
  3. 미국법의 특징 35

제5장 법의 법원(존재 형식) 37
제1절 법원의 의의 37
제2절 성문법 37
  1. 서론 37

2. 성문헌법 ·································· 38

3. 법률 ······································ 39

4. 명령 ······································ 40

5. 자치법규(조례 · 규칙) ··············· 41

6. 조약 ······································ 42

제3절 불문법 ································· 42

1. 서론 ······································ 42

2. 관습법 ···································· 43

3. 판례법 ···································· 47

4. 조리 ······································ 48

제6장 법의 분류 ······················· 50

제1절 서론 ································· 50

제2절 국내법과 국제법 ················· 52

제3절 공 · 사법과 사회법 ·············· 53

1. 공법과 사법 ····························· 53

2. 공 · 사법의 발전 양상 ················ 56

3. 사회법의 출현 ·························· 57

제4절 실체법과 절차법 ················· 59

제5절 일반법과 특별법 ················· 60

제6절 원칙법과 예외법 ················· 61

제7절 강행법과 임의법 ················· 62

제8절 고유법과 계수법 ················· 64

제7장 법의 효력 ······················· 65

제1절 서론 ································· 65

제2절 법의 실질적 효력 ·· 66

　　1. 의의 ·· 66

　　2. 근거 ·· 67

제3절 법의 형식적 효력 ·· 68

　　1. 법의 시간적 효력 ·· 68

　　2. 법의 인적 효력 ·· 73

　　3. 법의 장소적 효력 ·· 75

제8장 법의 적용과 해석 ·· 76

제1절 서론 ··· 76

제2절 법의 적용 ·· 77

　　1. 의의 ·· 77

　　2. 법의 적용에 있어서 3단논법 ·· 77

　　3. 사실의 확정 ·· 78

제3절 법의 해석 ·· 80

　　1. 해석의 의의 ·· 80

　　2. 해석의 종류 ·· 81

제9장 권리와 의무 ·· 88

제1절 서론 ··· 88

　　1. 법률관계 ·· 88

　　2. 권리중심의 법률관계 ·· 89

제2절 권리 ··· 90

　　1. 권리의 본질 ·· 90

　　2. 권리의 개념 ·· 93

　　3. 권리의 분류 ·· 94

4. 권리의 행사와 그 제한 ·· 98
제3절 의무 ··· 100
1. 의무의 개념 ··· 100
2. 의무의 분류 ··· 101

제10장 법학의 방법론 ··· 103
제1절 법학의 의의 ·· 103
제2절 법학의 분류 ·· 104
1. 법해석학 ·· 105
2. 법사학 ··· 106
3. 법정책학 ·· 107
4. 법사회학 ·· 108
5. 법철학 ··· 110

제2편 헌법
제1장 헌법총론 ··· 115
제1절 헌법의 의의·분류 ·· 115
1. 헌법의 의의 ··· 115
2. 헌법의 분류 ··· 115
제2절 헌법의 제정·개정·변천 ··· 116
1. 헌법의 제정 ··· 116
2. 헌법의 개정 ··· 116
3. 헌법의 변천 ··· 116
제3절 헌법의 수호 ·· 117
1. 헌법의 수호 ··· 117

2. 국가긴급권 ································· 117

3. 저항권 ····································· 117

4. 방어적 민주주의 ························· 118

제4절 대한민국의 구성요소 ··················· 118

1. 국가권력 ································· 118

2. 국민 ······································ 118

3. 국가의 영역 ······························ 118

제5절 대한민국의 기본원리 ··················· 119

1. 국민주권 원리 ···························· 119

2. 자유민주주의 ···························· 119

3. 사회국가 원리 ···························· 120

4. 문화국가 원리 ···························· 120

5. 법치국가 원리 ···························· 120

6. 평화국가 원리 ···························· 121

제6절 한국헌법의 기본질서 ··················· 121

1. 민주적 기본질서 ························· 121

2. 사회적 시장경제질서 ···················· 121

3. 평화주의적 국제질서 ···················· 122

제7절 한국헌법의 기본제도 ··················· 122

1. 정당제도(복수정당제) ··················· 122

2. 선거제도 ································· 122

3. 공무원제도 ······························ 123

4. 지방자치제도 ···························· 123

제2장 기본권총론 ································· 125

　제1절 기본권의 의의 ···························· 125

　제2절 기본권의 분류·유형 ···················· 125

　　1. 기본권의 분류 ···························· 125

　　2. 기본권의 유형 ···························· 126

　제3절 기본권의 주체 ···························· 126

　　1. 자연인 ································· 126

　　2. 법인 ·································· 127

　제4절 기본권의 효력 ···························· 127

　　1. 기본권의 대국가적 효력 ···················· 127

　　2. 기본권의 제3자적 효력 ····················· 128

　　3. 기본권의 갈등 ···························· 128

　제5절 기본권의 제한 ···························· 129

　　1. 헌법유보에 의한 기본권의 제한 ················ 130

　　2. 법률유보에 의한 기본권의 제한 ················ 131

제3장 기본권각론 ································· 132

　제1절 포괄적 기본권 ···························· 132

　　1. 인간의 존엄과 가치 ························ 132

　　2. 행복추구권 ······························ 133

　　3. 평등권 ································· 134

　제2절 자유권적 기본권 ·························· 136

　　1. 신체의 자유 ····························· 136

　　2. 거주이전의 자유 ·························· 140

　　3. 직업선택의 자유 ·························· 140

　　4. 재산권 ································· 142

  5. 주거의 자유 ································ 143
  6. 사생활의 비밀과 자유 ···················· 144
  7. 통신의 자유 ···························· 145
  8. 양심의 자유 ···························· 147
  9. 종교의 자유 ···························· 148
  10. 언론·출판의 자유 ······················ 149
  11. 집회·결사의 자유 ······················ 151
  12. 학문의 자유 ··························· 152
  13. 예술의 자유 ··························· 153
제3절 정치적 기본권 ························· 154
  1. 선거권 ······························· 154
  2. 공무담임권 ··························· 155
  3. 국민투표권 ··························· 156
제4절 청구권적 기본권 ······················ 157
  1. 청원권 ······························· 157
  2. 재판청구권 ··························· 158
  3. 형사보상청구권 ······················· 159
  4. 국가배상청구권 ······················· 160
  5. 범죄피해구조청구권 ···················· 162
제5절 사회적 기본권 ························· 163
  1. 교육을 받을 권리 ······················ 163
  2. 근로의 권리 ·························· 165
  3. 근로자의 근로(노동)3권 ················· 167
  4. 인간다운 생활을 할 권리 ················ 169
  5. 환경권 ······························ 170
  6. 혼인·가족에 관한 권리, 모성권, 보건권 ········ 172

제4장 통치구조론 ·· 175

제1절 국회 ·· 175

제2절 정부 ·· 175

제3절 법원 ·· 176

제4절 헌법재판소 ··· 176

  1. 헌법재판제도 개관 ·· 176

  2. 헌법재판의 유형 ·· 177

제3편 민법

제1장 민법상의 기본원칙 ··· 193

제1절 근대민법의 기본원리 ··· 193

  1. 사유재산권존중의 원칙 ·· 193

  2. 사적 자치 ··· 193

  3. 자기책임의 원칙 ··· 195

제2절 근대민법의 기본원리의 수정 ··· 195

제3절 우리 민법의 기본원리 ·· 196

  1. 사회적 형평의 원리 ·· 196

  2. 구체적 타당성의 원리 ··· 197

제2장 민법상 중요한 권리 ·· 199

제1절 물권 ·· 199

  1. 의의 ··· 199

  2. 물권의 종류 ·· 200

  3. 물권의 효력 ·· 202

제2절 채권 ·· 204
  1. 약정채권 ·· 205
  2. 법정채권 ·· 208

제4편 형법

제1장 형법상의 기본원칙 ·· 217
제1절 죄형법정주의 ·· 217
  1. 성문법의 원칙(관습형법배제의 원칙) ························ 219
  2. 명확성의 원칙 ··· 220
  3. 소급효금지의 원칙 ··· 221
  4. 유추해석금지의 원칙(엄격해석의 원칙) ···················· 222
  5. 적정성의 원칙 ··· 223
제2절 책임주의 ··· 224
제3절 최후수단의 원칙 ·· 226

제2장 형벌제도 ··· 228
제1절 형벌의 의의와 정당성의 근거 ·· 228
  1. 기본권 보호를 위한 정당성 ·· 228
  2. 정의감 실현을 위한 정당성 ·· 229
  3. 개인적 반성을 위한 정당성 ·· 229
제2절 자유형의 기본원리 ·· 230
  1. 자유형의 보충성 ··· 230
  2. 책임주의 ··· 231
  3. 인간존중주의 ··· 231

법학개론

1편
법의 일반이론

제1장 법의 본질

제1절 법의 개념

1. 법과 사회

인간의 사회생활과 법과의 불가분의 관련성은 "사회 있는 곳에 법이 있다"라는 말로 간명하게 표현되고 있다. 이것은 사회가 있으면 법이 있기 마련이라는 의미도 되고, 법은 사회에만 있다는 의미도 된다. 그런데 사람을 뜻하는 '人'이란 글자는 사람이 서로 받쳐주고 있는 형상을 문자화한 것이다. 사람들은 부부, 친자, 가족과 같은 혈연관계에서 시작하여, 각종 모임이나 단체를 이루어 살고 있으며 또는 민족적 집단이나 국가를 형성하여 그 안에서 살고 있다. 이러한 사람의 집단은 그것이 크고 작고 간에 사회라고 할 수 있으며, 사람은 이 사회를 떠나서는 살 수가 없다. 아리스토텔레스가 사람을 가리켜 "사회적 동물"이라고 표현한 것이나 "사람이 사람인 까닭은 사람과 사람과의 결합에 있다"라고 한 기에르케의 말은 곧 인간의 사회성을 표현한 말이다.

그러나 사회는 단지 단순한 사람들의 집단에 그치는 것이 아니라 복잡한 여러 가지 요소가 얽혀 있어 구조가 복잡할 뿐만 아니라 문명이 고도화되고 문화가 발달하는 데 따라 사회도 변화와 발전을 거듭하여 더욱 복잡해지고 있다. 이와 같은 인간공동의 사회생활이 원활하게 영위되고 평화롭게 발전할 수 있기 위해서는 거기에 반드시 일정한 '질서'가 있지 않으면 아니 된다. 이 질서의 상태는 결국 사회적 행위의 규칙성 내지 정형성 혹은 사회적 행위나 그 반응의 예측가능성이 존재하고 있는 것이다. 이러한 균형과 예측가능성이 없는 곳에서는 평화로운 공동생활은 불가능하다. 이 질서를 유지하는 것이 도덕, 종교, 관습, 그리고 법이라는 규범이고, 이를 사회규범이라 부른다.

규범이란 어떤 가치를 실현하기 위해서 지키지 않으면 안 된다는 법칙이고, "물은 높은 곳에서 낮은 곳으로 흐른다"거나 "태양은 동쪽에서 떠오른다"는 등의 존재나 필연의 법칙과는 다른 인간으로서 그렇게 하여야 하는 것을 요구하는 당위의 법칙인 것이다. 이들 규범 중에서 가장 강력한 실현방법을 가진 것이 법 또는 법규범이라고 하겠다. 법은 그 사회에 있어서 현실로 행하여지는 것을 요구당하고 있으며, 그 때문에 법규범의 위반행위에 대하여 일정한 강제를 가한다. 이로써 법은 단체생활의 근간이 되는 것으로 우리의 일상 공동 생활과 밀접불가분의 관계를 가지는 것이다. 예링이 법을 "사회생활의 조건"이라고 한 말이나 에브너 에센바흐가 "아무도 타인에 대하여 공정할 수 있을 만큼 고고하게 살 수는 없다"라고 한 것은 사회와 법의 밀접한 관련성을 나타낸 것이다.

2. 법규범

법은 규범이고 규범이 아닌 법은 없다. 따라서 '법규범'이라는 말과 '법'이라는 말은 같은 뜻이다. 그러나 막상 "법이란 무엇인가?"하고 물을 때 그에 대한 답은 결코 간명하지 않다. 법이란 무엇인가 하는 문제는 법학의 최초의 문제인 동시에 최후의 문제이기 때문이다. 법의 개념에 대한 명확한 이해는 모든 법학적 인식의 논리적 전제가 되는 것이지만, 과거 오랫동안 많은 법학자들이 "법이란 무엇인가?"하는 문제를 가지고 연구와 논의를 거듭하여 왔으나 아직도 완전히 일치된 결론을 얻지 못하고 있는 실정이다.

법의 개념에 대한 견해의 대립을 초래하는 원인으로는, 사람들이 가지는 세계관에 의한 제약이라든가, 혹은 사람들의 시야에 들어오는 법현상의 범위의 차이, 혹은 법을 보는 시각의 차이 등 여러 가지 사정이 지적될 수 있을 것이다. 그러나 우리가 법제도나 법현상에 관하여 이해하려 할 때에는 법의 최소한의 개념요소가 존재할 것이 전제되어 있지 않으면 안 될 것이다. 결국 법의 개념, 즉 법이란 무엇인가 하는 문제는 이와 같은 법의 공동·보편의 요소가 무엇이냐 하는 것이다.

어쨌든 법의 정의를 내린다는 것은 매우 어려운 일이지만, 여러 사람의 견해를 종합하여 보면, 법규범은 사회공동생활에 있어서 인간의 행위의 준칙으로서 국가권력을 비롯한 조직적인 사회력에 의하여 정치적으로 정립되며 강행되는 규범이라고 보는 것이 좋을 것이다. 아래에서 이것을 나누어 설명하기로 한다.

(1) 행위의 준칙

법은 외면에 나타나는 사람의 행동을 규율하는 규범이며, 원칙적으로 내면적인 생활에는 관여하지 않는다. 따라서 법은 사람의 행위를 규율하는 작용을 한다. ① 법이 대상으로 하고 있는 것은 사람의 행위이며, 이러한 행위는 사람의 의사에 기초한 신체의 외부적 행위를 말한다. 그러므로 사람을 살해하는 공상을 하였다 하여 그것이 살인죄가 되는 것은 아니며, 마음속에서 타인의 재물을 절취하였다 해서 절도죄가 되는 것이 아니다. ② 행위에는 적극적으로 외부의 어떤 변경을 가져 오는 행위와 어떤 의무를 지고 있는 사람이 그 의무에 위반하여 소극적으로 어떤 것을 하지 않음으로써 나타는 행위가 있다. 전자를 적극적 행위 또는 작위라고 하며, 후자를 소극적 행위 또는 부작위라고 한다.

그리고 준칙이란 사람의 판단의 기초가 되는 표준으로서 법은 이러한 작위·부작위의 행위에 준칙이 된다. 결국 법은 외면적인 사람들의 행위에 대한 규범이라고 할 수 있으며, 이 점에서 법은 도덕규범 또는 종교규범과 다르다.

(2) 사회규범

법은 인간의 사회공동생활에 있어서 지켜야 할 명령 또는 금지를 내용으로 하는 사회규범 중의 하나이다. 사회규범이란 사회공동생활에서 어떠한 가치를 실현하기 위하여 지키지 않으면 아니 된다고 하는 법칙, 즉 당위의 법칙이다. "겨울이 가면 봄이 온다"라는 자연법칙, "악화는 양화를 몰아 낸다"라는 경제법칙, 역사의 필연적 법칙 등이라고 할 때 법이라는 말이 들어가 있으나, 이것은 필연적인 법칙성을 뜻하는 것이다. 필연의 법칙은 존재에 기초를 두고 있으며, 어떠한 원인으로부터 어떤 결과가 반드시 실현되는 것이다. 이에 대하여 "살인을 하지 말라", "타인의 물건을 훔치지 말라" 하는 것들은 필연이 아니라 당위이다. 법은 당위의 법칙에 속한다. 자연법칙과 같은 필연칙에는 예외가 없으나 법과 같은 당위칙에는 처음부터 그 반대현상이 일어날 것을 예정하고 있다. 이와 같이 사람이 마땅히 하여야 할 것, 또는 지켜야 할 것, 즉 당위칙을 내용으로 하는 규율을 규범이라 하고, 사회일반이 지켜야 할 규율을 사회규범이라고 한다. 법은 이러한 사회규범의 일종이다.

그런데 인간이 사회생활을 영위하기 위하여서는 사회규범이 필요하지만 사회규범에는 법만이 있는 것이 아니고 윤리, 도덕, 종교, 관습 따위도 포함된다. 본래 이러한 사회규범은 역사를 거슬러 올라갈수록 하나로 융화되었고 미분화되었으나 사회가 발달함에 따라 각각 독립성을 인정받기에 이르렀다.

(3) 강제규범

법규범이 가지는 본질은 강제성이라 할 수 있다. 법이 법인 까닭은 법을 위반하는 자에 대하여 권력을 가지고 강제력을 발동함으로써 스스로의 의사를 실현하는 점에 있다. 법은 일차적으로는 '법은 준수되어야 한다'는 심리적 강제에 의하여 그 실현이 뒷받침되지만, 궁극적으로는 법위반자에 대하여 국가권력에 의한 물리적 강제(제재)를 가함으로써 실현되는 것이다. 여기에서 '강제'란 법의 침범에 대한 실력으로서 법이 준수된 것과 같은 사실상태를 현실적으로 실현하거나(예; 민사상이나 행정상의 직접강제 등), 혹은 위법행위자에 대하여 일정한 제재를 가하는 것 등을 말한다(예; 형벌, 손해배상, 징계 등).

이러한 의미에서 예링은 "법적 강제가 없는 법은 그 자체가 모순이며 타지 않는 불, 빛이 없는 등불과 같다"고 표현하였고, 켈젠 역시 법에 있어서 강제는 본질적 속성이라고 보았다.

(4) 국가사회의 규범

법은 사회규범이지만 사회에는 국가 이외에도 여러 가지가 있다. 그리고 그 여러 가지 사회는 도덕규범, 종교규범, 관습규범 등에 의하여 그 대부분이 영위되지만 그 모두가 법인 것은 아니다. 오늘날의 발전된 사회에서는 도덕, 종교, 관습규범 등만으로는 규율할 수 없는 다양한 이해관계가 끊임없이 충돌하고 있고 사회질서를 해치는 행위가 끊임없이 일어나고 있다. 이리하여 사회에는 정치적 조직에 의하여 뒷받침되는 법규범이 필요하게 된다. 법은 특히 국가사회적 공동생활의 질서의 유지와 그 발전을 목적으로 하는 것이며, 따라서 국가라는 조직된 정치적 권력에 의하여 그 공동생활에서의 행위의 준칙으로서 승인된 것이다. 이는 도덕, 종교, 관습이 비정치적인 사회에서도 존재하는 것인 데 비하여 법은 정치적으로 조직된 사회에서 성립함을 의미한다. 오늘날 정치적 조직사회 가운데 가장 완전하게 통일적 권력을 갖춘 사회는 국가이므로 법은 국가라는 정치적으로 조직된 사회의 규범인 것이다. 제정법뿐만 아니라 관습법의 경우도 물론 그러하다. 그러나 이와 같은 법의 본질은 국가권력을 배경으로 하는 국내법에 대하여는 적극적으로 타당하지만 국제법에 있어서는 강제의 방법이 국내법과 같이 완전하지 못한 점이 있다.

3. 법과 관련된 용어

(1) 법률

실질적 의미로는 널리 법일반을 의미한다. 법률철학, 법률해석학, 법률질서 등으로 사용되는 경우가 그것인데, 이 경우 법률은 법으로 바꾸어 놓아도 의미가 달라지지 않는다. 형식적 의미에서 법률은 국회의 의결을 거쳐 대통령이 서명·공포함으로써 성립하는 국법형식의 하나인 법률을 가리키며, 행정기관이나 사법기관에 의하여 정립되는 명령, 규칙 등과 구별된다.

(2) 법규

가장 넓은 의미로는 법규범, 즉 법의 의미로 쓰이는데 행정이나 재판은 '법규'에 의하여 행하여진다는 경우의 법규가 그것이다. 넓은 의미로는 그 가운데 제정법을 가리키는 경우이다. 좁은 의미로는 제정법 가운데 국가와 국민 사이에 효력을 가지는 법규범(법률)을 말하며, 대개는 국민의 권리와 의무에 관계되는 사항을 정한다. 이러한 국민의 권리와 의무에 관한 사항을 입법사항 또는 법규사항이라고 하는데, 원칙적으로 국회에 의하여 법률로 제정된다. "입법권은 국회에 속한다"라고 하는 경우 실질설에 의하면 그 입법은 '법규'의 제정을 의미한다.

제2절 법의 구조

1. 서설

　법의 본질을 보다 명백히 하기 위하여는 법의 구조에 대하여 고찰할 필요가 있다. 모든 국가사회에 존재하는 다수의 법질서는 서로 연관성을 가지며 체계적 통일을 이루고 있다. 행위규범·강제규범·조직규범의 중복적 구조가 그것이다. 물론 사회의 모든 법규범이 위의 세 가지 중 어느 하나로 반드시 구분된다고는 할 수 없고, 같은 법규범이 행위규범과 강제규범으로서의 성격을 중복적으로 가질 수도 있다. 그러나 대체로 사회의 법질서는 본질적으로는 이들 세 가지의 법규범 중에서 조직규범을 기초로 하여 그 위에 행위규범(사회규범)과 강제규범(재판규범)이 복합적으로 결합되어 있다고 할 수 있다. 파운드가 법을 "정치적으로 조직된 사회에서 힘의 체계적 사용을 통한 사회통제"라고 한 것도 이러한 법의 복합적 구조를 두고 말한 것일 것이다.

2. 행위규범과 강제규범

　법은 행위규범을 위반하는 행위에 대하여 일정한 효과를 부여할 것을 규정하고 있다. 예컨대 형법 제329조에 "타인의 재물을 절취한 자는 6년 이하의 징역 또는 1천만 원 이하의 벌금에 처한다"고 하는 것처럼 일정한 명령이나 금지를 위반하는 자가 있으면 강제력을 발동하여 강제집행 또는 처벌을 한다. 이와 같이 법규범은 "…하여야 한다"고 하는 행위규범이 있고, 이 행위규범에 위반하면 "처벌한다"는 강제규범으로 되어 있는데 이를 가리켜 '법규범의 중층구조'를 이루고 있다고 한다.

　그런데 이 공적 권위에 의한 법의 실현을 보장하여 주는 것이 법원에 의한 재판이다. 법은 대개의 경우 법원에서 다루어지기 전에 이미 실현되는 경우가 많으나, 법적인 분쟁이 생겼을 때 이것을 마지막으로 심판하여 해결해 주는 것은 재판이다. 이 경우 재판의 기준으로 삼는 것이 법규범이므로 법의 재판규범이라고도 한다. 이 재판규범의 특징에 대하여 켈젠은 "일정한 법률요건에 일정한 법률효과가 귀속되는 가언적 판단"이라고 하였다. 또 "법률효과란 형벌·강제집행을 말하며, 그것은 국가권력에 의하여 강제되고 실현되므로 법규범의 본질은 강제규범인 점에 있다"고 하였다. 그런데 법규범의 본질이 강제성에 있다면 법규범은 강제규범에 그치는가 하면 그렇지 않다. 형법 제250조에 "사람을 살해한 자는 사형, 무기 또는 5년 이상의 징역에 처한다"고 규정하고 있다. 그러나 이 조문 이전에 문자로 표시되지 아니한 "살인을 하지 말라"고 하는 일정한 명령 금지의 의무를 과하는 행위규범을 표시하고 있다. 즉, 행위규범이라 함은 "…하여야 한다", "…하여서는 안 된다"라는 것과 같이 일정한 작위 또는 부작위를 명령하는 규범으로서 행위의 기준을 정하는 당위의 법칙이며, 재판규범에 대하여 쓰이는 말로서 사회규범이라고도 한다. 행위규범에 관한 한 법규범은 도덕규범이나 기타의 제1차 규범과 다름이 없다.

법의 실현을 위한 법규범의 구조는 행위규범이 먼저이고, 만약 이를 위반할 때 강제규범이 기능하는 것이 순서이므로 학자들은 행위규범을 제1차 규범이라 하고, 강제규범을 제2차 규범이라고 한다. 그러나 순수법학자 켈젠은 실정법만을 법학의 대상으로 하고 실정법은 곧 강제규범이라 생각하므로 강제성을 강조하는 의미에서 강제규범을 제1차 규범이라 하고 행위규범을 제2차 규범이라고 본다.

3. 조직규범

법규범의 구조는 행위규범(사회규범)과 강제규범(재판규범)만으로 이루어진 것이 아니라 조직규범으로서의 성격을 갖고 있다. 조직규범이란 법의 제정·집행·적용을 담당하는 국회, 정부, 법원 등의 국가기관의 조직과 권한에 관한 규범이다. 특히 국가와 같은 대규모의 사회단체에는 국가의 통치기구의 기본원칙을 정한 헌법(헌법 안에도 물론 재판을 예상한 규정, 특히 기본적 인권에 관한 것들이 있다)을 비롯하여 국회법, 정부조직법, 법원조직법, 국가공무원법, 각종의 선거법 등 복잡한 조직규범이 형성되어 있다. 조직규범이란 결국은 모든 조직이나 제도도 사람의 행위가 개입되지 않고는 만들어지거나 운영될 수 없다는 데서 행위규범과 재판규범을 통합하여 조직의 존립의 기초와 작용방식을 부여하는 조직원리에 관한 일반국민에게 행위를 명하지 않으며 직접의 수범자는 국가기관이나 그 구성원이라는 것이다. 이상에서 본 바와 같이 법규범의 구조는 행위규범, 강제규범, 조직규범의 세 형태로 이루어진 통일적인 규범복합체라고 할 수 있다. 이 세 가지 규범을 합하여 법의 3중구조라고 할 것이다.

제2장 법의 목적과 이념

제1절 서론

모든 법에는 그 특유의 목적이 있다. 예컨대 교육기본법 제1조에서는 "이 법은 교육에 관한 국민의 권리·의무 및 국가·지방자치단체의 책임을 정하고 교육제도와 그 운영에 관한 기본적 사항을 규정함을 목적으로 한다."고 하였고, 근로기준법 제1조에는 "이 법은 헌법에 따라 근로조건의 기준을 정함으로써 근로자의 기본적 생활을 보장, 향상시키며 균형 있는 국민경제의 발전을 꾀하는 것을 목적으로 한다"고 하여 그 법의 입법목적을 명시하고 있다. 그러면 이와 같이 목적을 명시한 법만이 목적을 가지고 있고, 그렇지 않은 법은 목적이 없는가 하면 그렇지 않다. 입법목적을 명백히 하지 않은 법이라도 편의상 목적을 규정하지 않았을 뿐이고 모든 법규는 반드시 목적을 가지고 있다. 상법은 입법적으로 목적을 명시하고 있지 않으나, 기업의 유지·발전과 거래의 원활한 안전을 도모하고 기업주체 간의 이익조정이 그 목적인 것이다. 법의 목적이라 함은 법을 정립하고 실현함에 있어서 법에 의하여 달성하려고 하는 현실의 목적을 말한다. 법의 존재가치로서의 목적은 인간이 실현시키고자 하는 가치이며 법의 생명인 것이다. 법은 현실의 사회생활관계를 규율하는 것이나 그 사회생활관계는 인간의 목적활동에 의하여 추진되고 발전되어 간다. 따라서 그것을 규율하는 법에도 목적이 있음은 두말 할 나위가 없다. 법의 이념은 법의 가치판단의 기준이며, 법형성의 기본원리이다. 법은 인간이 정립하는 것이요, 거기에는 반드시 하나의 이념을 지향하고 있는 것이다. 법이 지향하고 있는 이념을 밝히지 않고 다만 법의 현상만을 분석하는 것만으로는 아직 법의 실태를 충분히 규명하였다고는 할 수 없을 것이다. 이와 같이 법에는 이념이 있고, 그 이념을 실현하고자 법이 존재하는 것이다. 그러나 법의 이념은 법의 내용으로써 법을 현상하는 것이 아니고 법의 속에 숨어 있으면서 눈에 뜨이지 않게 법을 어떤 방향으로 이끌어 가고 있는 것이다.

법의 목적 내지 이념은 인간이 법에 의하여 실현하려고 하는 사회생활의 "실천목표"이며, 그것은 법의 배후에서 법의 원동력이 되는 하나의 '이념가치'인 것이다.

제2절 법의 목적

학자들은 법의 목적에 객관적 진실성이 있는 원리를 찾으려고 노력하였다. 그 대표적인 것으로 다음과 같은 것이 있다. 즉 플라톤과 아리스토텔레스는 "정의를 원칙으로 한 도덕생활의 실현"이 법의 목적이라 하고, 루소는 "개인의 자유와 평등을 확보하고 발달"시키는 데 법의 목적이 있다고 하고, 칸트는 "도덕적 개인인격의 확보"에, 그리고 벤담은 "최대다수의 최대행복"의 증진에 있다고 하였으며, 예링은 그의 저서 『법에 있어서의 목적』에서 "목적은 전체 법의 창조자"라고 말하며, "사회의 모든 생활조건의 확보"가 법의 목적이라고 하였다. 파운드는 "특정한 때와 장소에 있어서의 문화의 법적 공리"라고 하였고, 멩거와 레너는 "경제적 기본권의 확보와 실현을 법의 목적"이라 하였다. 학자들의 이러한 견해를 종합할 때 법일반에 공통된 목적은 경제적·도덕적·문화적 목적이라고 말할 수 있으며, 이는 결국 인간생활의 복지에 귀결된다고 할 수 있다.

1. 경제적 목적

널리 법에 내재하는 목적 중의 하나는 경제적 목적이다. 특히 상법, 경제법, 노동법 등은 사회경제의 조직과 활동을 규율하고 생산의 촉진, 산업의 발전, 경제상의 분배의 공정화, 근로자의 지위의 향상 등을 목적으로 하여 제정되어 있다. 또한 헌법의 조문 중에도 경제에 관한 국가정치의 목표와 그 목표를 달성하기 위한 기본적 조건을 명백히 하고 있으며, 민법도 물권, 채권 상속 등의 규정 가운데에 광범한 경제의 목적을 내재시키고 있다.

2. 도덕적 목적

경제와 더불어 어떤 의미에서는 법 가운데에 보다 광범위하게 내재하고 있는 것은 도덕의 목적이다. 사람이 생활하는 사회의 규범 중에는 본래의 도덕규범뿐만 아니라 "전염병 예방에 협력하여야 한다"라는 위생상의 규범, "좌측통행을 하여야 한다"라는 교통상의 규범, "상품은 정당한 가격으로 거래하라"는 경제생활상의 규범이 포함되어 있다. 이들이 본래는 윤리적 의미를 가지지 않는 사회규범이라 하더라도 법으로 규정되어 사회생활의 준칙으로 결정되면 그것을 준수하는 것이 위생도덕, 교통도덕, 경제도덕으로서의 의미를 가지게 된다. 이와 같이 음미하면 도덕과 전혀 연관되지 않는 법은 없다고 하여도 과언이 아니다.

3. 문화적 목적

이 외에도 법은 문화를 증진시킨다. 문화를 넓은 의미로 사용할 때는 경제나 도덕도 그 내용에 포함된다. 그런 의미에서는 법에 내재하는 경제적 목적, 도덕적 목적 등은 동시에 법이 가지는 문화적 목적이라고 할 수 있다. 이에 대하여 좁은 의미로 문화라고 할 때에는 경제보다도 더욱 정신적인 인간의 창조활동을 가리키고 도덕보다도 더욱 객관화된 형태를 구비한 것을 가리킨다. 학문과 종교, 예술 등은 고도의 문화의 영역에 속한다. 이들 고도의 문화영역에 대하여 지나친 간섭과 통제를 하여서는 목적을 오히려 저해하기 쉬우므로, 법은 문화발전을 위한 제반 조건을 마련해 주어야 할 것이다.

4. 복지

이러한 모든 것을 일반적으로 고찰하면 그것은 결국에 있어서 인간생활의 복지에 귀착한다고 볼 수 있다. 인간의 행복은 물론 경제적인 풍부한 생활에서만 오는 것은 아니나 어느 정도는 불가결의 조건이다. 따라서 이러한 경제적·문화적 복지는 법이 달성하고자 하는 목적이며, 법규범의 근저에는 문화규범이 있다고 한 마이어의 말은 의미가 있다고 할 수 있다.

제3절 법의 이념

법의 배후에 숨어 있는 법의 이념문제는 여러 학자에 의하여 각기 다른 입장에서 논의가 되어 왔다. 자연법론자들은 법의 이념을 보편타당한 정당성의 원리의 추구에 그 고찰의 초점을 두고 있음은 말할 것도 없으며, 이 전통적인 자연법론 이외에도 법의 이념에 관한 주요한 견해를 보면 다음과 같다. 루소는 "이성법의 이념", 헤겔은 "보편의지와 특수의지의 통일", 벤담은 공리주의의 입장에서 "최대다수의 최대행복"을, 콜러는 "문화주의", 슈탐물러는 "자유를 의욕하는 인간의 공동체"를 법의 이념으로 들고 있다. 그러나 이들 주장은 법의 한 면만을 보고 하나의 가치만을 강조한 듯한 느낌을 주는데, 법의 이념론을 가장 종합적이면서도 다각적으로 분석한 학자는 라드부르흐라고 말할 수 있다. 라드부르흐는 법의 이념론을 "법이란 법가치, 즉 법이념에 봉사하려는 의미를 가진 실재"라 하고, 법의 이념에는 정의와 합목적성과 법적 안정성의 세 가지가 있다고 하였다.

1. 정의

법의 이념은 일반적으로 정의라고 설명되고 있다. 법은 정의론과 연관지어 설명해온 것을 비추어 보거나, 법이란 말과 정의란 말이 어원에서 공통되는 것을 보아도 알 수 있다. 즉 라틴어에서 법은 justitia 또는 justum(정의)과 통하고, 독일에서 Recht는 정당하다는 것과 동일한 어원이며, 영미법에서는 재판 또는 법관을 의미하는 justice는 정의의 의미를 가지고 있다. 그러나 구체적으로 정의란 무엇인가에 대하여는 학자에 따라 여러 가지로 이해되어 왔고 현재에도 일치하지 않으나, 울피아누스는 정의를 "각자에게 그의 것을 가지게 하는 것"이라고 하고 이는 이제까지 정의에 대한 거의 표준적인 설명으로 받아들여지고 있다.

아리스토텔레스는 "같은 것은 같게, 같지 않은 것은 같지 않게"의 원리와 인간이기에 "모두 같게" 취급하는 두 원리, 즉 상대적 평등과 절대적 평등의 관념에 입각하여 '평균적 정의'와 '배분적 정의'로 나누어 설명하였다. 즉, 평균적 정의는 개인 간의 거래에 있어서 급부와 반대급부, 손해와 배상, 범죄와 형벌 등이 조화를 이루는 것이 이념이며, 배분적 정의는 사회가 각 개인에 대하여 그 능력과 노력에 따라 공정하게 명예와 재산, 세금 등에 관하여 국가와 국민 또는 그 단체와 구성원 간의 관계를 비교적으로 조화시키는 이념이다. 그는 또 국가가 위급을 당하여 순직하는 것과 같이 공사(公私)의 자격에서 단체를 위하여 마땅히 이행하여야 할 의무로서 일반적 정의를 들고 있다.

라드부르흐는 정의란 진, 선, 미와 같이 어떠한 가치로부터 도출될 수 없는 독자적인 가치이며, 그것은 평등을 의미한다고 하였다. 또 평등이란 균등한 조건을 가진 사람들은 균등한 방법으로 다루는 것인데, 절대적 평등은 존재하지 않으므로 평등이란 근사치적인 평균을 의미하는 데 불과하다고 한다.

정의는 평등이라는 것과 분리할 수 없으나, 그러나 정의는 평등이라는 것에 한하지 않고 평등과 관계없는 경우도 있다. 또한 정의는 추상적인 이념형식이므로 정의와 실질적인 내용이 영구불변하는 절대적인 정의는 있을 수 없다고 함은 도덕의 이념인 선과 마찬가지이다. 결국 정의는 인간이 사회생활을 하는 데 있어서 마땅히 지켜야 할 생활규범의 이념인 것이고, 평등한 사회관계를 기반으로 하여 인간관계의 조화를 이룩하는 사회질서의 이념이므로 법과 불가분의 관계를 맺고 있다. 그러므로 법이 실현하고자 하는 정의는 법적 강제력에 의하여 실현되어야 하는 법적 정의라고 할 수 있다.

2. 합목적성

법에 있어서 합목적성이란 어느 한 국가의 법질서가 어떠한 표준과 가치관에 의하여 구체적으로 제정·실시되고 있는가에 대한 원리라는 뜻이다. 국가의 법은 정치, 경제, 도덕, 문화 등의 목적을 포함하여, 이런 점에서 그들 특정 목적에 봉사하는 기술적인 법으로 되는 경우가 있다. 따라서 법이 현실의 특정한 정치목적·경제목적·문화목적을 실현하기 위하여 질서를 거부할 때에는 합목적적이기는 하나 정의에 반하는 경우가 있게 된다. 정의는 추상적인 이념에 불과하므로, 인간이나 국가에 의하여 선택되고 결정된 가치관에 따라 제정된 법이 있다면 그 법은 대체로 추상적인 정의의 이념과는 거리가 있다 하더라도 합목적성을 갖는 것이다.

라드부르흐는 인간이나 국가가 선택하고 결정할 수 있는 가치관의 종류를 세계관적 가치의 입장에서 가치체계에 세 가지의 기본형태가 있다고 하였다. 그는 합목적성이란 개인과 전체와의 관계에 있어서 개인적 이익과 사회적 이익을 균형있게 발전시키는 기술이라 하고, ① 개인의 논리적 인격성 내지 인격적 자유라는 가치, ② 초개인적 단체가치, ③ 문화가치를 들었다. 나아가 각종의 가치형태 중에서 어느 것을 우위로 보느냐는 세계관에 따라 각기 개인주의, 단체주의, 문화주의 등의 성립을 보게 되었으며 이 3가지는 자유, 국민, 문화라는 말로 표현하고 있다. 그리고 그는 무엇이 정당한 법이며, 어떻게 하는 것이 공정한 배분질서인가를 판단하는 것은 각자의 세계관의 입장에서 구체적으로 결정될 문제이며 양심과 신념에 맡겨야 할 문제라고 하였다.

3. 법적 안정성

앞에서 말한 바와 같이 법은 사회질서를 유지하기 위하여 인간이 만들어 놓은 문화현상이다.

질서유지라 함은 개인이 다른 개인 또는 공공의 질서를 침해하지 못하게 하는 것으로 민주주의사회에 있어서는 개인의 권리를 존중하는 것이 기본이지만, 어떤 개인의 권리행사가 타인의 권리 또는 공공의 질서의 침해가 될 경우에는 그 행사는 조절되어야 한다. 여기에 질서유지가 필요한 바 이는 소극적 성질을 가지고 있다. 따라서 질서가 유지되고 있다고 하는 것은 안심하고 사회생활을 할 수 있는 법적 안정성이 있음을 의미한다. 법적 안정성은 법질서가 동요됨이 없이 어느 행위가 옳은 것이며, 어떠한 권리가 보호되며, 어떤 책임을 어떻게 추궁하느냐가 일반인에게 확실히 알려져 있어서, 사람들이 법의 권위를 믿고 안심하고 행동할 수 있는 상태이다. 따라서 법적 안정성을 유지하기 위하여는 다음과 같은 몇 가지 사항이 요청된다. 첫째, 법이 쉽게 변경되어서는 안 되며, 특히 입법자의 자의에 따라 제정되어서는 안 된다. 그러기 위하여서는 법의 의미가 성문의 법규에 의하여 확정될 것과 성문법을 정확하고 조리 있는 논리에 따라 해석하는 일이 필요하다. 둘째, 법이 국민의 의식, 즉 법의식에 합치할 것이 요구된다. 셋째, 법의 내용이 명확하여야 한다. 넷째, 법은 실제로 실행가능한 것이어야 하며 너무 높은 이상만 추구해서는 안 된다는 것이다.

제3장 법과 다른 사회규범과의 관계

제1절 서론

앞에서 언급한 바와 같이 법은 인간의 사회생활을 규율하는 규범의 하나로서 관습, 도덕, 종교, 정치, 경제와 같은 다른 사회규범들과 밀접한 관계를 맺고 있다. 법만이 동떨어져 인간과 사회를 규율해 나갈 수는 없기 때문이다. 역사적으로 보면 문화가 발달하지 못한 미개발사회에서는 이 모든 사회규범이 분화되지 않았으나, 사회가 발달할수록 법은 다른 사회규범과 분화되었으며, 국가권력과 결합하여 독립된 사회생활의 규범이 되었다. 따라서 법의 명확한 이해를 위하여는 법과 다른 사회규범 사이에 어떤 차이가 있으며, 어떠한 관계를 가지고 있는가를 살펴보는 일이 중요하다.

제2절 법과 관습

관습이란 특정범위의 다수인 사이에 일정한 행위가 계속적이면서 반복적으로 관행되어짐으로써 그 범위 내의 사람들에게 그에 따라 행동하지 않으면 안 된다는 당위의식에서 성립하는 사회규범이다. 관습은 사회적인 행위이고 이를 지키고 따라야 한다는 의식이 사회집단 속에서 무의식적으로 생겨난 사회생활의 준칙이므로 법이나 도덕, 종교 등에 비하여 이상성이 희박한 무자각적인 규범이다.

　원시 미개사회에서는 모든 사회규범이 세분화되지 않은 상태에 있었을 뿐만 아니라 관습이 다른 어떤 규범보다 중요한 지위에 있었다고 할 수 있다. 그러나 사회가 발달되어 혼합적인 사회규범은 분화하게 되었고, 관습은 점차 법률의 내용을 형성하거나 법의 기초가 되고, 또는 법의 소재가 되기도 하였다. 따라서 법과 관습은 그 내용면에서 구별하기보다는 성립과 효력면에서의 구별이 용이하다.

　법과 관습의 구별의 기준은 첫째, 법이 국가권력에 기초하여 성립되는 데 반하여 관습은 다수인의 임의의 자발적 모방에 의하여 성립한다는 것이다. 둘째, 그 효력에 있어서도 법은 국가권력에 의하여 그 내용이 실현되는 데 대하여 관습은 절대적 구속력이 있는 것이 아니며 법에 의하여 그 효력이 담보되는 것도 아니다. 다만 관습은 법의 "보충적 효력"을 가질 뿐이다. 민법 제106조에서 "법령 중의 선량한 풍속 기타 사회질서에 관계없는 규정과 다른 관습이 있는 경우에 당사자의 의사가 명확하지 아니한 때에는 그 관습에 의한다"라고 정한 것은 관습의 보충적 효력을 법이 승인한 것이다. 셋째, 법은 국가사회의 규범이지만 관습은 부분사회에서만 성립하고 타당성을 인정받는다.

　그리고 관습이 국가권력에 의하여 승인되고 강행되면 "관습법"이 되고 관습으로서 행하여지고 있는 사항을 규범이 아닌 행위의 측면에서 본 것을 "관행"이라 하고, 관습에까지는 이르지 아니하였으나 얼마간 되풀이 되어 실행된 사례를 "관례"라고 하며, 관습이 법적 구속력을 가지지 못하는 것을 "사실인 관습"이라 하여 법률행위 해석의 표준이 되기도 한다.

제3절 법과 종교

　종교는 개인적 내심적인 신앙에 기초하여 자기의 죄와 무력함을 자각한 인류가 신이나 그 밖의 절대자에 대한 존재를 본능적으로 의심하고 그를 신앙하는 데에서 존재하는 내재적 규범이다. 종교는 신앙공동체라는 사회단체 속에서 성립하며 계율적 질서가 이루어져서 그 사회의 생활을 규율하므로 종교도 하나의 사회규범이 되는 것이다.

　역사적으로 원시사회에 있어서는 제정일치의 사상이 지배하여 금기라는 종교적 규범이 동시에 법적 규범이었다. 중세에서도 신정일치가 행하여져 종교가 국가사회를 지배하였다. 근세 이래 세속화와 함께 정교분리가 이루어지고 법은 일단 국가법을 의미하며 교회법은 종교 내부에만 적용되는 자치법으로서의 효력만 갖게 되었으나, 헌법과 법률을 통하여 종교의 자유와 정교관계를 규정한 것은 근대 이후였다. 현대에 들어서 아무리 과학화와 세속화를 주장하여도 종교의 가치는 점점 고조되고 있으며 법은 종교를 최대한 존중하고 있는 방향에 있다.

　법과 종교의 가장 커다란 차이는 종교는 그에 위반했다 해서 국가가 제재라는 강제를 가하지 않고 오로지 신앙공동체의 비난이 따를 뿐인 데 대하여, 법규범을 위반했을 경우는 국가가 일정한 제재를 가하여 그 실현을 강제하는 데 있다. 그러나 법과 종교는 내용에서 많은 연관성을 갖고 있는데, '죽이지 말라', '훔치지 말라', '간음하지 말라'라는 종교의 계율은 오늘날 살인죄, 절도죄 등의 법규범의 내용이 되고 있는 것이다.

제4절 법과 도덕

　법과 도덕의 관계를 파악하는 데 있어서는 예링이 말한 바와 같이

"법철학의 희망봉"이라고 하여 이 문제의 어려움을 지적하고 있다. 법과 도덕은 다같이 사회생활의 규범으로 서로 밀접한 관계를 가지고 사회생활의 질서를 유지해 가고 있다. 가령 '타인의 물건을 훔치지 말라', '살인을 하지 말라'는 인간의 행위기준은 도덕의 요청이면서도 법의 명령이므로, 법과 도덕은 밀접한 관련이 있고 또한 유사점이 많은 것이다.

1. 법과 도덕의 차이점

그러면 법과 도덕은 어떠한 차이가 있는가. 자연법은 실정법을 초월하여 영구히 불변하는 인륜의 대도(大道)라는 시각에서 법을 보는 자연법론자들은 법을 도덕적 질서의 한 부분으로 보고 법과 도덕의 일치성을 주장하였다. 그러나 성문화된 실정법만을 법학의 대상으로 하는 실정법주의자들은 법과 도덕을 구별하고 있다. 법과 도덕의 문제에 관하여 최초로 계통적인 고찰을 시도한 토마지우스에 이르러 비로소 도덕적 선과 법적 정의를 대립시켜 윤리는 전자에, 법은 후자에 관한 것이라 하여 윤리학과 법학을 구분짓고, 법은 외면성·강제가능성을, 도덕은 내면성·강제불가능성이 그 특징이라고 주장하였다. 한편 칸트는 자연법론자이면서도 토마지우스의 이론을 학문적으로 체계화하여 법과 도덕을 명확히 구별한 예도 있으며, 오스틴이나 켈젠과 같은 법실증주의자들은 자연법을 부정하며 성문법과 도덕을 엄격히 구별하였다. 오늘날에는 법과 도덕을 구별하면서도 한편으로는 이 둘의 융합이 주장되기도 한다. 법과 도덕의 구별에 관하여 학자들의 여러 견해가 있으나 전통적인 학설을 소개하기로 한다.

① 양자의 존립근거의 면에서 법은 경험적 사실에 의하여 성립하는 데 대하여 도덕은 선험적인 이성에 의하여 발생한다고 한다. 이 견해는 도덕이 사회현실을 반영하는 기능을 간과한 것으로 설득력이 적다.

② 규율의 대상에 따라 법은 인간의 '외면적 행위'를 규율하는 데 대하여 도덕은 인간의 '내면적 의사'를 규율한다고 한다. 이 말은 '법의 외면

성'과 '도덕의 내면성'이라는 말로 표현되는데, 이 견해의 대표자는 토마지 우스이다. 그는 도덕적 선(善)은 '마음속의 법정'에서, 법적 정(正)은 '마음 밖의 법정'에서 다루어질 성질의 것이라고 하였다. 또한 슈탐물러는 "법은 살인에 대한 범의를 갖는다고 하더라도 실행에 이르지 아니하면 법적으로 처벌되지 않는다"고 하며, "도덕은 마음의 간음까지도 용서되지 않는다"고 한다. 이것은 사상의 자유를 보장할 수 있는 실제적 가치는 있지만 법과 도덕을 구별하는 것으로는 적당치 못하다. 그래서 라드부르흐는 토마지우 스의 학설을 수정하여 법은 내면을 중시하면서도 그 관심방향을 외부에 두고 도덕은 외면을 중시하면서도 그 관심방향은 내면에 두고 있다고 했 다. 그러나 이런 견해는 베버가 지적하였듯이 "행위는 그것이 주관적 의 미와 결부되어 성립하는 인간의 태도"인 것처럼 외면적 행위뿐만 아니라 내면의사도 규율할 수 있고, 또한 도덕도 외면적인 행위까지 규율할 수 있는 것이므로 이 구별은 타당성이 없다.

③ 법은 그 대상이 평균인으로 현실적 규범인 데 대하여, 도덕은 '너 의 원수를 사랑하라'고 하듯이 평균인이 준행하기 어려운 이상을 지향하 는 규범이라 한다. 그러나 법에도 이상을 선언하고 있는 반면, 교통도덕 등은 현실적인 것을 내용으로 하고 있으므로 이 구분도 충분하지 못하다.

④ 법은 법률·명령의 형식으로 문자에 의해 표현되는데 도덕은 그 렇지 못하다고 한다. 그러나 불문법의 존재와 윤리강령 등의 형식화로 이 설도 타당성이 없다.

⑤ 법은 타율성을 가지는 데 반하여, 도덕은 자율성을 가진다고 한 다. 법의 타율성은 그 효력의 보장을 외부적인 강제에 두고 있는 데 대하 여 도덕의 자율성은 내부적인 양심이나 의무의식에서 구하고 있다는 것이 다. 하지만 도덕이나 법은 외부에서 강요되며 그 실효성은 타율적인 것이 므로 이 구별 역시 부당하다.

⑥ 법은 권리·의무의 양면성을 가지는 데 반하여, 도덕은 의무의 일 면성만을 가진다고 한다. 물론 법적 의무에는 이에 대응하는 권리가 있으

나 도덕적 의무에는 이에 대응하는 권리가 없다는 것이다. 그러나 법에도 권리만 있거나 의무만 있는 경우도 있다.

⑦ 끝으로 법과 도덕의 구별을 강제에 귀속시키는 유력한 학설이 있다. 즉, 법은 정치적 권력단체인 국가에 의하여 승인되고 지지되는 것이므로 강제성이 있어 이에 위반하는 경우에는 권력적인 제재가 예정되어 있는 데 대하여, 도덕은 그 실현이 국가권력에 의하여 강행되는 것이 아니고 그 위반에 대하여는 양심의 가책이나 사회적 비난이 있을 뿐이며 조직화된 권력에 의하여 제재가 가해지는 일은 없다. 따라서 국가에 의한 물리적 강제력의 유무에 의하여 양자를 구별하는 이 학설이 대체로 정당한 것이라고 할 수 있다.

2. 법과 도덕의 상호관계

법과 도덕은 다같이 사회생활을 규율하는 사회규범으로서 근대에 이르러 분화되었을 뿐만 아니라 법의 근원은 도덕이므로 이 둘은 서로 밀접한 관계를 가지고 있다. 그 관계는 대체로 다음 세 가지로 요약될 수 있다.

첫째, 에드몬드 칸이 지적한 바와 같이 법과 도덕은 그 내용에 있어서 서로 중복된다. 예컨대 나의 물건을 남이 빌려간 경우 그 반환을 명한다든가 부부가 서로 협력부조할 것을 요구하도록 한 민법의 규정은 도덕이 요구하는 내용과 일치하는 것이고, 살인을 하거나 물건을 훔친 자를 처벌하는 형법의 규정은 도덕과 합치하고 있는 것이다.

둘째, 또 한 가지 밀접한 관계를 들면 법의 내용이 도덕으로 전화하는 것도 있다. 예컨대 도시의 교통법규가 오랜 시행 끝에 국민의 생활속에 깊숙이 뿌리박혀 하나의 교통도덕으로 굳어지는 경우가 그 예이다. 라드부르흐는 이것을 가리켜 "법의 도덕의 왕국에로의 귀화"라고 하였다.

셋째, 법은 강제력에 의하여 그 목적을 실현하지만, 도덕심이나 양심과 같은 것의 뒷받침이 없이는 법의 내용을 아무리 엄격하게 규정하고 처벌한다고 하여도 그 실효를 거두기 어렵다. 이런 점을 옐리네크는 "법은 도덕의 최소한"이라 하여 도덕 중에서 그 실현을 강제할 필요가 있는 것을 법으로 한다고 하고, 슈몰러는 "법은 최대한의 도덕"이라고 하여 도덕이 사회생활의 전면에 확대됨을 지적하였다.

결국 이와 같은 관계에서 보면 법과 도덕은 일단 구별될 수 있으면서도 성질을 판이하게 달리하는 것은 아니라고 할 수 있다. 도덕은 법의 타당근거이면서 동시에 목적과 이상으로 작용하고 있다. 다시 말하면 법은 항상 윤리성을 띠어야만 법으로서의 효력을 유지해 나가는 것이며, 라드부르흐가 말한 "법의 도덕의 왕국에로의 귀화"와 "도덕의 법의 왕국에로의 귀화"가 효과적으로 일어날 수 있는 것이다.

제5절 법과 정치

법은 강제력을 갖고 사회의 질서유지를 주된 목적으로 한다. 따라서 법의 일차적인 규율대상으로서의 사회생활은 정치생활이다. 법은 정치와 결합되어 정치의 목적을 달성시킴과 동시에 정치의 이념을 실현하고자 한다.

정치란 이러한 사회생활에 있어서 개인의 이해대립과 분열을 통합하는 과정이며, 사회생활의 통일적 질서를 보장하려는 합목적적 활동이다. 역사적으로 인류의 경험에 비추어 이해대립과 분열을 통합하는 가장 뛰어난 방법은 민주주의이며 여기에서 합목적적 활동을 통하여 응집된 통일적 질서가 곧 법이다.

법과 정치와의 관계에 대하여는 '법은 정치의 아들'이라는 말로 적절히 표현되고 있다. 그 의미는 첫째, 혁명이나 선거행위 등에 의하여 정치권력의 소재가 변경되면 정권을 획득한 집단의 작용으로 법은 개폐되기도 하므로 법의 창조는 정치과정의 산물이라는 의미이다. 둘째로 정치활동에 의한 실력행사의 정당성은 법에 의하여 인정될 뿐이고, 법에 의하지 않은 실력행사는 파괴에 불과할 뿐이므로 정치는 법의 구속을 받는다. 이런 의미에서 정치는 법의 아들이다. 그런데 법과 정치 가운데에서 어느 것을 강조하느냐에 따라 '정치주의'와 '법치주의'로 구분할 수 있다. 정치의 우위를 주장하는 사상이 정치주의인데, 이에 의하면 법은 어디까지나 정치의 수단에 불과하며 정치가 법의 구속을 받는 것이 아니라 법이 정치에 추종해야 한다고 한다. 그러나 정치주의 하에서는 법의 가치를 과소평가하고 정치의 만능을 믿는 독재주의로 흐르는 경향이 있다.

한편 법의 우위를 주장하는 사상이 법치주의이며, 법은 정치가 그목적을 달성하기 위하여 제정한 것이지만 일단 법으로 성립하면 정치는 법에 구속되어야 하고 그 법의 모체인 정치에 법이 동조할 필요는 없다고 한다. 이러한 법치주의는 민주주의와 결합되며 법에 의하지 않는 정치는 불법이고 또 법에 의하지 않은 권력은 폭력이 된다.

원래 법은 동요하는 정치로 하여금 무궤도적인 행동을 억제하도록 하여 법적인 정치활동을 보장하는 것인 만큼 법이 정치의 상위에 있음으로써 정치가 법제도에 의하여 움직일 때 사회의 질서는 유지될 수 있다. 그러므로 정치는 가능한 한 법질서의 범위를 벗어나지 않아야 하며, 법에 의하지 않는 한 아무리 국가를 이롭게 하고 국민의 복리를 위한 선의의 정치라 하더라도 민주주의 원리에 맞는 정치라고 할 수 없다.

제6절 법과 경제

애덤 스미스적 자유주의 경제사상에 의하면 법이 국민의 경제생활에 관여하는 것을 부정하여 법과 경제는 전혀 관련이 없는 듯이 보인다. 그러나 실질적으로 법은 정치를 수단으로 하여 경제생활을 규율하므로 법과 경제는 불가분의 관계에 있다. 특히 자유주의 경제질서로 인하여 발생한 불평등을 수정하기 위하여 법이 국민의 경제활동을 적극 간섭하고 통제하게 되면 법과 경제의 관계는 더욱 밀접해진다. 법과 경제 사이에는 아무런 관계가 없다고 하는 것은 법과 경제를 형식적으로만 고찰한 결과이다.

그러면 법과 경제의 관계는 어떠한가. 이 관계를 유물사관에서는 '법은 경제를 하부구조로 하는 상부구조'라 하여 법은 경제의 토대 위에서 규정되고 또한 경제의 변천에 따라 변화한다고 본다. 한편 베르트하이머는 "경제는 내용이고 법은 그것을 담는 그릇"이라고 표현하는가 하면, 슈탐물러는 "법은 경제를 제약하지만 경제가 법을 제약할 수는 없다"고 한다. 또 켈젠도 유물사관이 주장하는 것은 인간이 바로 특질이고 생산력이며 생산과정 이외의 아무것도 아닌 인간이 생존하는 세계를 전제로 한 이론이라고 비판하면서 "주체성 없는 경제, 즉 물질은 법과 정치를 규정할 수 없다"고 주장한다.

생각건대 경제적 목적을 이탈한 법은 악법이 아니면 허공에 뜬 법으로 실현성이 없는 법이다. 반면에 경제는 법에 의하여 질서 있게 영위되어야 한다. 그러므로 법과 경제와의 관계는 전면적으로는 아니라 하더라도 극히 긴밀하며 가끔 경제관계가 법규범의 내용을 이룩하는 경우가 많다. 여러 경제법규가 그것이며 또 일반법규도 재산법의 분야에서는 그 구조가 경제관계의 강력한 영향 아래에 있다. 이것은 민법, 상법의 규정을 찾아 보면 명백하다. 이러한 관계는 학문적으로도 법학과 경제학을 접근시켰고, 법학의 영역에서는 법학적 방법에 의한 경제현상의 파악을 위하여 경제법규의 연구가 시도되어 왔다. 요컨대 법과 경제는 사회생활에서나 학문적으로도 불가분의 밀접한 관계에 있다.

제4장 법의 계통

제1절 서론

　법은 그것이 생성한 지역과 민족의 문화와 밀접하게 관련하여 발달해 왔다. 따라서 그 지역의 문화나 민족성에 따라 법도 독특한 특색과 양상을 지니고 있다. 그것은 마치 인간에게 혈통이 있는 것처럼 법에도 그 계통이 있어 민족이나 지역에 따라 특색이 있는 법의 발달을 보게 되었다.

　한편 어느 한 국가의 민족의 문화는 다른 국가나 민족의 문화에 끊임없이 영향을 미치고 서로 교류하며 때로는 융합하는 문화현상을 나타낸다. 수준이 높은 문화가 수준이 낮은 문화권에 흘러 들어가서 문화를 병합하고 변화시킨다. 이에 따라 법문화도 다른 문화와 마찬가지로 어느 정도 국가와 민족을 초월하여 공통된 특색을 가진 법문화권이 형성되기도 한다. 이와 같이 여러 국가 또는 여러 민족의 법이 '법의 계수' 등에 의하여 동일한 계통에 속하는 경우가 있는데, 이것을 하나의 법계라고 한다.

　법계는 각기 나름대로의 특색을 가지고 그의 법문화권에서 발전하고 있으나 때로는 한 법계가 다른 법계에 흡수되어 사라지는 경우가 있는가 하면, 로마 법계와 같이 그 법계를 이룩한 민족과는 관계없이 독립하여 존속하고 발전하는 경우도 있다. 이러한 현상을 법계의 보편화 현상이라고 한다. 오늘날과 같이 국제교통과 교류가 활발한 시대에는 해상법이나 어음·수표에 관한 통일조약과 같은 분야에서 세계법적 경향마저 나타나고 있다.

　　법계의 분류는 학자에 따라 여러 가지 방법으로 나누어지고 있다. 미국의 법학자 위그모아의 분류를 보면 이집트, 바빌로니아, 헤브라이, 그리스 로마, 게르만, 중국, 일본, 인도, 대륙법계, 영미법계 등으로 나누고 있으나 오늘날 가장 커다란 법계는 대륙법계와 영미법계이다.

제2절 대륙법계와 영미법계의 특징

　　대륙법계와 영미법계는 각기 그 법문화의 터전을 달리하여 발전해 왔기 때문에 비교법학의 관점에서도 다음과 같은 몇 가지 특색으로 구별된다. 첫째, 대륙법계는 로마법계와 게르만법계를 근간으로 하여 발달하였는데, 영미법계는 주로 판례를 통하여 형성된 보통법을 근간으로 하고 있다. 둘째, 대륙법계는 정의·도덕관념과 깊은 연관을 맺고 있어 법실무자들보다는 법학자에 의하여 이론적으로 형성되어 온 데 대하여, 영미법은 법관들이 법실무에서 개인 간의 분쟁을 해결하는 판결을 통하여 형성되어 왔다. 셋째, 대륙법계는 주로 시민 간의 관계를 규율하기 위하여 사법 중심으로 발달되어 왔는데 영미법은 왕권과 연결되어 공법적 성격을 띠고 있다. 넷째, 대륙법계는 성문법주의가 특징이나 영미법은 불문법주의의 원리 아래에서 발달하여 왔다. 다섯째, 대륙법계는 독일, 프랑스를 중심으로 한 유럽대륙 여러 나라의 법군을 포함한 것으로 한국, 일본 등을 비롯하여 전세계에 수용되었으며, 영국을 비롯하여 미국 및 그 밖에 영국법의 영향을 받은 과거의 식민지의 법군으로써 이루어진 법계를 영미법계라 한다.

　　그러나 위와 같은 특징의 차이에도 불구하고 양 법계 사이에는 많은 접촉이 있었으며, 그 결과 서로 영향을 주고 받게 되었다. 그래서 심지어는 이 두 법계를 합쳐서 서구법이라는 명칭을 쓰기도 하며, 두 법계가 서로 영향을 주고 받을 때 모법과 자법의 관계가 성립되기도 한다.

제3절 대륙법계

1. 로마법계

예링이 그의 명저 『로마법의 정신』의 첫머리에서 말했듯이 로마는 무력과 종교와 법을 통하여 세 번 세계를 지배하였다고 한다. 로마법의 세계지배는 독일과 프랑스를 중심으로 유럽 대륙은 물론이고, 모든 대륙법계에 속하는 나라의 법제를 포함하여 영미법계까지도 영향을 미친 것이라고 할 수 있다. 로마법이 얼마나 광범하게 영향을 미쳤는지를 알 수 있다.

기원전 753년에 도시국가의 형태로 건국한 로마는 초기에는 전통으로 내려오던 12표법을 바탕으로 농업사회에 알맞은 농민의 법을 발전시켰다. 이때에는 다른 고대민족의 법과 같이 엄격한 형식주의가 지배하였으며, 로마시민에게만 적용되었던 이른바 시민법이었다. 그 후 판도의 확대와 더불어 법도 시민법 외에 여러 민족에게도 공통적으로 적용되는 만민법이 형성되었다. 이리하여 로마법은 시민법과 만민법의 두 체계로 발전되었던 것이다. 특히 기원후 약 2백 년 동안에 조직적인 체계가 세워졌으며, 2세기 초부터 약 1백 년 동안에 찬란한 발전을 보았으니 이 시대를 법학융성시대라 할 수 있다.

한편 기원후 3세기 중엽에 로마제국은 쇠퇴하여 동·서 로마로 양분되었다. 서로마는 기원후 476년에 멸망되었으나 동로마는 기원후 15세기 중엽까지 존속하였다.

그런데 기원후 6세기 중엽에 유스티니아누스 동로마 황제가 대입법사업으로 『로마법대전』을 완성하기에 이르는데, 이 『로마법대전』이 후세에 전해져서 대륙법계 형성에 주된 역할을 하였다. 이 『로마법대전』은 12

표법 아래로 약 천 년에 걸친 법률문서를 집대성시켜 534년에 완성·발포한 것으로, 당시 현행법으로 집대성한 『칙법집』, 학설법을 집대성한 『학설집』, 법의 근본 원칙을 기술한 『법학제요』라는 3법전과 이러한 법전들을 만든 후 황제의 죽음에 이르기까지의 공포된 칙법을 수록한 『신칙법집』의 4법전으로 되어 있는 것이다.

유스티니아누스 황제가 사망한 후의 동로마제국의 법은 세계법으로서의 발전에는 도움을 못주었고, 그 후 11~12세기에 이르러 이탈리아의 볼로냐에서 일어난 주석학파에 의하여 로마법은 부활되었다. 그로부터 유럽 각지에서 로마법이 현행법으로 적용되어 중세 유럽 여러 나라의 법의 형성을 촉진시켰으며, 현대 유럽 제국 법으로 진전하는 기반을 만들어 준 것이다. 이상과 같이 로마법은 처음에는 로마인들 자신을 위하여 만들어진 것이지만 그 후에는 그들을 떠나서 유럽인의 법생활을 지배하였고 유럽법 사상의 근간이 되었다.

2. 게르만법계

게르만법은 게르만민족의 고법으로서 농업사회에 알맞는 엄격한 형식주의 법이었다. 초기 게르만법의 존재형식은 관습법의 형태로서 도덕규범 등과 분화되지 못하였다. 분화된 과정의 처음에는 사회생활규범에 관하여 구체적인 문답형식으로 구전되어 오다가 점차 추상적인 격언 또는 법언의 형식으로 요약되어 그들의 사회에 유포되어 왔으며, 이러한 형식의 관습법이 로마 기타의 국가들에 비하여 오랫동안 계속되어 존재하였다. 이들 관습법은 이른바 기원후 476년의 게르만민족의 대이동으로 서로마제국이 멸망한 뒤 유럽대륙에는 게르만인이 주인공으로 등장하여 게르만법은 중세가 경과하는 동안 유럽대륙을 지배하는 법으로 되었다.

기원후 5세기 중엽에서 9세기까지는 게르만인 부족 간에 성행하던 관습법이 비교적 포괄적인 '부족법전' 형식으로 나타나서 그들의 생활을 지배했으나, 그 법전이 생긴 후에도 독일, 프랑스 등에는 많은 지방관습법이 성행하여 법이 지역적으로 심하게 분열되었다. 그 간에 얼마 동안 성문법령이 발포되기도 하였으나 13세기까지는 오히려 각 부족의 법전이나 칙령은 제대로 시행되지 못하고 다시 관습법이 지배하는 상태로 되돌아 갔다. 13세기에 접어들어 관습법을 바탕으로 한 개인에 의한 법률문서가 본격적으로 편찬되고 시작하였다. 그 대표적인 것이 레프고 개인이 저술한 법률문서인 『작센 슈피겔』이며, 작센 지방에서는 법전과 같은 효력을 가졌으며, 이것이 독일 국내에 퍼져서 다른 법률문서 편찬의 기초가된 것이다.

그 후 1495년부터는 로마법을 계수함으로써 게르만법은 큰 변혁을 가져왔으며(외국법계수시대), 이 게르만법은 로마법과 더불어 후대의 영국·독일·프랑스의 여러 국법에 영향을 주었다. 유럽 최초의 체계적인 법전인 1794년의 「프로이센 보통국법전」이나, 1804년의 「프랑스민법전」 및 1896년의 「도이치민법」 등도 모두 그 영향하에 제정된 것이다.

이와 같은 게르만법은 로마법에 비길 수 있는 유력한 법체계로서 로마법이 대체적으로 법조법·도회법·상인법으로서 개인주의적·세계법적 특질을 갖고 있는 데 대하여, 게르만법은 대체로 민족법·농촌법·농민법으로서 원시적 민족제도에서 유래하는 단체주의적 경향을 강하게 갖고 있었다. 이 밖에 게르만법은 관습법주의, 상징주의, 공사법의 융합, 단체주의 등을 그 특색으로 한다.

제4절 영미법계

1. 영·미법의 특징

영미법의 특징으로 어떤 점을 들 것이냐에 대하여는 학자마다 견해를 달리 하고 있으나, 대체로 판례법주의, 법지배의 원리, 배심재판, 보통법과 형평법과의 대립 등을 들 수 있을 것이다. 판례법주의란 법은 1차적으로 구체적 사건에 대하여 내려진 재판소의 판결 속에 표현되고 있다는 주의이며 판례구속의 법리를 수반한다. 법지배의 원리 또는 법지상주의란 어떤 사람 또는 어떤 국가기관이라 하더라도 모두 사법재판소가 행사하는 통상의 법에 의하여 지배되고 또한 그러한 법에 의해서만 지배된다는 주의이다. 또한 보통법재판소의 판결방법은 민사사건이든 형사사건이든 간에 원칙적으로 배심재판이며, 보통법은 배심재판을 통하여 발전되어 왔다. 대륙법에 비하여 영미법은 보통법과 형평법의 두 개의 법체계가 서로 대립하고 또한 그 조화에 의해서 발전되어 왔다는 것을 현저한 특징으로 들 수 있다.

2. 영국법의 특징

영국에서는 윌리엄 1세가 노르만 왕조를 수립하여 강력한 중앙집권적 봉건제도를 형성하기 위한 정책으로 법을 통일하기까지에는 대륙의 속인주의적인 게르만의 부족법의 영향을 받았다. 영국법의 통일은 보통법재판소와 판례법의 보급에 공헌한 일종의 법률학교인 법조원 및 순회재판소의 활동에 의하여 강화되었으며, 보통법재판소에서 수립한 판례법으로 된 일반적 국내관습법인 보통법은 오늘날에 이르기까지 영국법의 주요 부분이 되고 있다(보통법은 지방 관습법, 교회법, 상관습법, 형평법과 대립되며, 때로는 영미법계에 속하는 판례 등의 불문법 등의 뜻으로도 사용된다). 보통법은 계속성과 강인성 이외에 배심제와 법지상주의 및 선례구속의 원칙을 특색으로 한다. 불문법인 판례법체계 형식으로 된 보통법의 중요한 법원으로는 대판례집이 있었다.

보통법은 그 강인성 때문에 로마법의 영향을 배제하였으나 한편 오랜 시일이 흐름에 따라서 점차 경화되어 강력성을 잃게 되자 시대의 요청에 적응하지 못하게 되었다. 이리하여 국왕은 재판소에 위임한 이외에 보유하는 그의 고유의 재판권을 행사하여 보통법의 위와 같은 결함을 도덕률에 따라서 보충하기에 이르렀으며, 그 결과 보통법재판소와 대립하는 형평법재판소(대법관심판소)가 생기게 된 것이다. 이 형평법재판소에서는 보통법의 지나친 엄격성을 완화하고 선결례에 구애됨이 없이 구체적 타당성을 존중하였으며, 재판관의 재량권의 범위를 넓게 인정하였다. 이 형평법재판소가 수립한 판례법과 그로부터 발달한 법을 형평법이라 하며, 보통법과 더불어 영국의 법원의 중요한 부분을 차지하게 되었고, 이 형평법이 우선하게 되었다.

이러한 사정에서 1873년에 재판소법이 제정되어 통일된 재판소가 설립될 때까지 형평법재판소는 자연히 보통법재판소와 대립하는 상태가 지속되었다. 위의 재판소법 제정 이후부터 보통법과 형평법은 동일한 재판소에 의하여 적용되었으며, 이 양자가 저촉될 경우에는 형평법이 우선하여 적용되었다. 오늘날 영국에서는 상당수의 성문법이 제정되어 있으나, 아직도 보통법과 형평법은 영국법의 주요 부분으로 되어 있다.

3. 미국법의 특징

미국은 보통법과 형평법 등의 영국법을 많이 계수하였으며, 특히 1750년부터 1776년의 독립선언에 이르는 동안에는 보통법이 도입되었다.

독립 후 남북전쟁(1861~1865)에 이르는 미국법의 형성기에 들어서는 반영감정으로 영국법의 계수에 대한 반발이 생겼으며, 특히 루이지애나주를 비롯한 많은 주에서는 미국의 독립을 지지한 프랑스의 법을 받아들이기 시작하였다. 이리하여 대륙법은 프랑스를 통하여 미국에 영향을 미치게 되었으니, 영국법을 기초로 한 미국법은 대륙법을 이어받아 대규모의 새로운 법(성문법)의 창조가 시작되었다.

한편 입법부 우위의 영국과는 달리 사법부 우위의 미국에서는 판례법의 확립과 정비가 촉진되었으며, 19세기 후반에 들어서는 연방과 각주

재판소의 수많은 판례를 조직한 판례집이 발간되었다. 이와 같이 판례법을 중요시함에 따라 성문법에 대한 판례법 우위의 법사상이 생기게 되었으며, 법의 연구에 있어서도 이념적·관념적인 것보다 실질적·분석적인 방법이 취하여지게 되었다.

제5장 법의 법원(존재 형식)

제1절 법원의 의의

법원 또는 법의 연원이란 로마법의 "Fontes Juris(법의 원천)"에서 유래한 것으로서 보통 두 가지 뜻이 있다. 그 하나는 법이 성립하는 기초, 즉 법의 타당근거를 뜻하는 경우(실질적 의의의 법원)이고, 또 하나는 법이 존재하는 형식, 즉 법의 존재를 인식하는 수단 내지 자료를 가리키는 경우(형식적 의의의 법원)이다.

실질적 의미의 법원에 대하여 고대·중세에서는 신의 의사로, 근세에서는 군주·국가·국민의 의사 또는 자연법이나 법의 존재이유인 정의·형평·질서를 법원으로 보기도 한다. 그러나 우리가 살피고자 하는 것은 형식적 의미의 법원, 즉 법의 존재 형식에 대하여 알아 보기로 한다. 이러한 의미의 법원은 크게 성문법과 불문법으로 구별된다.

제2절 성문법

1. 서론

성문법 또는 제정법은 권력자의 의사가 문자로 표현되고 문서의 형식을 갖춘 법을 가리키며, 일정한 절차와 형식에 따라서 공포된 법이다.

성문법은 불문법과 달라서 반드시 문장의 형식을 가지며 일정한 입법절차를 거쳐서 제정되는 법규인 것이다. 근대국가는 국민의 권리를 보장할 목적으로 법치주의를 그 통치원리로 채택하고 있으므로 명시적인 법규로서 국민의 행위를 규율하는 것을 원칙으로 하고 있으며, 따라서 근대국가의 대부분의 법은 성문법으로 되어 있다. 대륙법계의 국가들, 즉 독일, 프랑스, 이탈리아, 북유럽 및 라틴아메리카 국가들, 그리고 한국, 일본 등은 성문법을 갖는 나라들이며, 불문법국가로서 알려져 있는 영국 같은 나라에서도 점차 성문법이 늘어가고 있다.

성문법은 문장으로 표현되어 있으므로 그 의미가 명백하고, 위법행위에 대한 효과를 예측하기가 용이하기 때문에 법적 안정성을 가져오는 데 도움이 되는 장점이 있으나, 변화하는 사회에 고정적이어서 자칫하면 입법자의 자의에 의한 법만능의 사조로 흐르기 쉽다는 단점도 있다. 여기에 자연발생적이며 유동적이고 진보적인 불문법이 성문법과 더불어 실정법으로서의 존재가 인정되는 까닭이 있다.

성문법의 내용은 목적적·의식적으로 제정되는 것인데, 그것은 조리적 규범, 관습적 규범, 기술적 규범, 정책적 규범 등을 내용으로 한다. 예컨대 살인을 금지하는 형법 제250조는 조리적 규범이며, 양자에 관한 민법 제866조는 관습적 규범이고, 어음법과 수표법의 대부분의 규정은 기술적 규범이며, 주식회사 이사의 회사에 대하여 책임을 규정하는 상법 제399조 등은 정책적 규범인 것이다.

우리나라에서 법원으로서 성문법에 속하는 것으로는 성문헌법, 법률, 명령, 자치법규 및 조약이 있다.

2. 성문헌법

헌법은 국가의 기본조직과 통치작용을 규정한 근본법으로서, 그 내용이 문장의 형식으로 되어 있을 때에 성문헌법이라 한다. 국가의 기본법인 헌법은 국가법 중에서도 최상위의 규범이며, 국가의 법제정권은 헌법에 의하여 규제된다. 헌법은 국가의 최상위의 법으로서 보통의 법규보다 강한 형식적 효력이 인정되어 하위법 등에 타당성의 근거를 부여하고 있으며, 헌법 아래의 하위법들이 계층을 이루어 상하의 질서를 형성하고 있다. 따라서 헌법에 저촉되는 법률이나 명령은 효력이 없으며, 국가기관의 행위가 헌법에 위반한 것인 때에도 역시 무효이다.

성문헌법은 일반법률의 개정보다 까다로운 엄격한 절차에 따르도록 되어 있는 것이 보통이며(경성헌법), 다만 불문헌법을 가지고 있는 영국 같은 곳에서는 일반법률과 차이가 없다(연성헌법). 우리나라도 성문헌법을 가지고 있으며 1948년 7월 12일에 제정되어 동년 7월 17일에 공포·시행되었는데, 그동안 아홉 차례에 걸쳐 개정이 있었다.

3. 법률

법률이란 넓게는 법을 말하며, 형식적으로 좁은 의미에서 법률이란 국회에서 의결되어 대통령이 서명·공포하여 제정된 법률을 말한다. 법원으로서의 법률은 좁은 의미의 법률을 말한다.

법률은 헌법의 하위에 있기 때문에 헌법에 위배된 법률은 효력이 없으나 헌법 다음가는 효력을 가지고 있기 때문에 명령·규칙이 법률에 위배될 수 없다. 그리고 법률 상호간에는 우열의 관계가 없으나 법률 내용에 모순이 있을 때에는 신법이 구법에 우선하고, 특별법이 일반법에 우선하여 적용된다.

헌법 제40조에 의하면 입법권은 국회에 속하므로 국회는 유일한 입법기관인 것이다. 법률의 제정은 법률안의 제출·의결 및 공포의 단계를 거치게 된다. 법률안의 제출은 국회의원 또는 정부가 할 수 있으며(헌법 제52조), 국회에서 법률안이 의결되면 정부에 이송되어 15일 이내에 대통령이 공포한다(헌법 제53조 제1항 내지 제6항 참조). 법률은 공포와 동시에 당연히 효력이 있는 것이 아니고, 특별한 규정이 없는 한 공포한 날로부터 20일을 경과함으로써 효력이 발생하게 된다(헌법 제53조 제7항). 헌법은 국민의 권리의무에 관한 사항 기타 중요한 사항은 법률로써 규정할 것을 요구하고 있는데, 이를 입법사항이라고 한다.

4. 명령

명령은 국회의 의결을 거치지 않고 행정기관에 의하여 만들어진 성문법규이다. 법률보다 하위의 효력을 가지므로 헌법 또는 법률에 의하여 정해진 사항과 위배되는 내용을 규정할 수 없으며, 명령에 의하여 법률을 개정하거나 폐지하지 못한다.

명령에는 그 내용에 따라 긴급명령, 위임명령, 집행명령으로 구분된다. 긴급명령이란 국가의 안위에 관하여 또는 국가의 재정·경제상의 위기에 처하여 긴급한 조치가 필요한 경우에 발하는 '법률'과 같은 효력을 가진 예외적인 명령(헌법 제76조)이다. 그리고 일반적으로 명령이라 할 때는 법률의 하위에 있는 위임명령과 집행명령만을 가리킨다. ① 위임명령이란 법률이 일정한 범위를 정하여 위임한 사항에 대하여 그 주체적 내용을 정하는 것으로서 국민의 권리와 의무에 관한 사항을 규율할 수 있으므로 법규명령이라고도 한다. 권력분립주의의 근본정신으로 보아 행정기관에 일반적으로 입법권을 부여하는 것과 같은 일반적 위임은 금지된다. 법률이 규정하는 특정사항만 인정하는 것이 타당하므로 우리 헌법도 위임명령을 "법률에서 구체적으로 범위를 정하여 위임받은 사항"(헌법 제75조)이라고 하여 일반적·포괄적 위임을 제한하고 있다. ② 집행명령이란 법률을 집행하기 위하여 필요한 세칙을 규정하는 명령으로서 상위법령에 없는 새로운 입법사항을 제정할 수 없고 집행에 필요한 사항만을 정한다.

한편 명령을 그 제정권자를 표준으로 하여 형식적으로 분류하면 대통령령, 총리령 및 부령 등이 있다. ① 대통령령은 대통령이 법률에서 구체적으로 범위를 정하여 위임받은 사항(위임명령)과 법률을 집행하기 위하여 필요한 사항(집행명령)에 관하여 발하는 명령이며(헌법 제75조), ② 총리령은 국무총리가 소관 사무에 관하여 법률이나 대통령령의 위임 또는 직권으로 발하는 명령이고, ③ 부령은 행정각부의 장이 소관 사무에 관하여 법률이나 대통령령의 위임 또는 직권으로 발하는 명령이다(헌법 제95조). 이상의 각 명령의 형식적 효력은 대통령령이 총리령이나 부령보다 상위의 효력을 가진다고 보며, 총리령과 부령은 학설 대립은 있으나 총리령이 상위의 효력을 가진다고 보는 것이 일반적인 견해이다.

이와는 달리 국가의 유일한 입법기관인 국회 및 특수한 국가기관이 그 기능을 수행하기 위하여 헌법이나 법률에 근거하여 제정하는 규칙이 있다. ① 국회는 법률에 저촉되지 아니하는 범위 안에서 의사와 내부규율에 관한 규칙을 제정할 수 있다(헌법 제64조 제1항). 예컨대 국회방청규칙 · 국회인사규칙 등이 여기에 속한다. ② 대법원은 법률에 저촉되지 아니하는 범위 안에서 소송에 관한 절차, 법원의 내부규율과 사무처리에 관한 규칙을 제정할 수 있다(헌법 제108조). 예컨대 상업등기처리규칙, 민사소송 인지에 관한 규칙 등이 이에 속한다. ③ 또 중앙선거관리위원회는 법령의 범위안에서 선거관리 · 국민투표관리 또는 정당사무에 관한 규칙을 제정할 수 있다. 예컨대 정당법시행규칙은 이 종류에 속하는 것이다. 이러한 규칙은 대개 법률의 하위에 있으므로 법률에 위배될 수는 없으나 명령과는 동등한 효력이 있다. 이들 규칙은 성문법으로서 법원이 된다.

5. 자치법규(조례 · 규칙)

헌법 제117조 제1항에 의하면 지방자치단체는 주민의 복리에 관한 사무를 처리하고 재산을 관리하며, 법령의 범위 안에서 자치에 관한 규정을 제정할 수 있다. 이 권한에 의거하여 제정된 법규를 자치법규라고 한다. 자치법규에는 조례와 규칙, 2가지가 있다. 조례는 지방자치단체가 법령의 범위 내에서 그 사무에 관하여 지방의회의 의결을 거쳐 제정한 것이고, 규칙은 지방자치단체의 장이 법령 또는 조례에서 위임받은 범위 내에서 그 권한에 속하는 사무에 관하여 제정한 자치법규를 말한다. 이러한 자치법규는 당해 지방자치단체 내에서만 적용되는 지방법으로서 앞에서 언급한 여러 국내법의 하위에 있으며 지방자치단체가 한 나라의 행정조직을 구성하기 때문에 그 법원성이 인정된다.

6. 조약

조약이란 문서에 의한 국가 간의 합의로서, 넓은 의미로는 규약, 협약, 협정, 헌장, 규정, 의정서, 결정서, 약정, 교환공문, 각서 등 그 명칭에 상관없이 모두 조약에 포함된다. 이러한 조약은 국제법의 법원으로서 국가자체의 권리·의무를 내용으로 하는 것이나, 나아가서는 그 당사국 내의 국민의 권리·의무까지도 규정하는 경우가 많다. 이런 경우에 조약이 그 국가의 국민에 대하여 당연히 효력을 발생하느냐가 조약의 법원성에 관한 문제이다. 이에 관하여 헌법 제6조 제1항에서는 "이 헌법에 의하여 체결되고 공포된 조약과 일반적으로 승인된 국제법규는 국내법과 같은 효력을 가진다"고 규정하여 조약이 국내법의 법원임을 명시하고 있다.

제3절 불문법

1. 서론

불문법이란 성문법 이외의 법으로서 문장으로 표현되지 않으며 일정한 법제정기관에 의한 소정의 절차를 거치지 않고 생겨나는 법을 말한다. 판례집과 같은 것은 문장으로 표현되어 있다 하더라도 법제정기관에 의한 소정의 절차를 거치지 않고 생긴 것이기 때문에 역시 불문법에 속한다.

법의 역사는 불문법에서 성문법으로 발전하여 왔으며, 오늘날에도 보통법을 중심으로 판례법주의를 취하고 있는 영미법계에서는 불문법이 제1차적 법원으로서 인정되고 있다. 뿐만 아니라 성문법주의를 취하고 있는 국가에서도 불문법은 성문법에 대하여 보충적 효력을 갖고 있다. 그것은 사회현상의 유동성에 따라 관습법 등 불문법의 역할을 간과할 수 없고, 성문법에 대한 인식도 일반적으로 관습에 의한 경우가 적지 않기 때문이다.

불문법은 성문법과는 상반되는 장·단점을 갖고 있다. 불문법은 항상 유동하고 변천하는 사회생활관계에 적절하게 적용할 수 있고, 법질서의 유동성을 저해하는 것이 적어 고정되지 않는다는 장점을 갖는다. 반면에 불문법은 법의 통일이나 정비가 어렵고 법질서의 안정성을 유지하기 곤란하며 법이 명확하지 못하다는 단점이 있다. 불문법에는 관습법, 판례법 및 조리 등이 있다.

2. 관습법

(1) 의의

관습법은 사회의 관행으로 인하여 발생한 사회규범이 국가(법원)에 의하여 승인되어 강행되는 불문의 법이라고 할 수 있다. 이렇게 관습법은 영속적으로 존재하는 관습이 국민의 법적 확신을 얻을 뿐만 아니라 국가가 이를 법적인 가치가 있는 것으로 승인하여 그 준수를 요구하는 명시적·묵시적 의사표시를 함으로써 성립하는 법규범이다. 이러한 관습법은 국가의 가장 근원적인 법의 발현형식으로 우리나라와 같은 성문법 국가에서도 관습법을 법원으로 인정하고 있다(민법 제1조, 상법 제1조 참조). 단 형법에서는 죄형법정주의의 원칙상 관습법을 배척하므로 관습법은 직접

형법의 법원은 되지 않는다.

이러한 관습법과 구별되는 것으로서 '사실로서의 관습'이라는 것이 있다. 사실로서의 관습은 임의규정에 우선하여 당사자 간의 합의에 따라 법률행위의 해석기준이 되는데 그치지만(민법 제106조), 관습법은 법규정의 강행성 여부와 관계없이 성문법규가 없는 사항에 대해서만 보충적 효력을 갖는다는 점에서 양자는 구별된다.

(2) 관습법 성립에 관한 학설

관습법이 어떠한 근거에 의해 법으로서의 구속력을 가지는가, 즉 관습법이 법원으로서 인정되는 근거가 무엇인가에 대하여는 학설이 나누어진다.

① 관행설

동일한 행위가 어떤 사건에 관하여 오랫동안 관행되는 사실을 가지고 관습법 성립의 기초로 보는 설이다. 이를 주장한 지텔만은 "관습이기 때문에 법이다"라고 하였으며, 비노그라도프도 관습이 확정될 것, 계속될 것, 초기억적인 시대부터 존재할 것을 요건으로 법적 효력을 가진다고 하였다. 그러나 이 설은 관습인 사실 그것을 곧 법이라고 하는 데 지나지 않으며 그것이 법으로 인정되는 근거를 밝히지 않는 점에 결함이 있고, 특히 관습법과 사실로서의 관습을 혼동하고 있다.

② 법적 확신설

국민이 어떤 관행을 준수하는 것을 권리나 의무라고 확신하는 것, 즉 관습이 일반 국민의 법적 확신에 의하여 지지됨으로써 법으로서의 효력을 가진다는 설이다. 이것은 사비니, 푸흐타, 기에르케 등 역사법학파의 주장이다. 일반인의 법적 확신을 토대로 하여 법을 결정한다는 것은 법사회학의 분야에서 대단히 중요시하는 태도이며, 사회의 자연발생적인 관습법이란 결국 그러한 사회인의 법적 확신에 의해서 발생한 것이다. 그러나 법적 확신은 입법의 자료는 될지언정 그것이 법으로서의 효력을 가진다는 이론적인 근거는 되지 못하며, 다수인의 법적 확신에 의한 관습법은 일정한 국가제정법 체계에 있어서의 그것은 아니다. 법을 국내 간에 자연발생적·역사적·경험적으로 성립한다고 이해하는 역사법학파의 견해에 찬동하지 않는 한 인정하기 어려운 학설이다.

③ 통용설

관행이 법질서의 구성부분이 될 때 비로소 관습법의 효력을 갖게 된다는 설로서 관행설을 보충하기 위하여 생긴 것이다. 이 설은 법질서의 구성 부분이라는 개념이 확실하지 않으며, 관행이 법질서의 일부분을 구성하는 근거에 대한 설명도 찾을 수 없다는 비판이 있다.

④ 국가승인설

국가가 어떤 관습의 내용을 법으로 승인함으로써 관습법이 성립한다는 설이다. 이 설은 빈딩, 라송 등에 의하여 주장되었다. 전술한 바와 같이 법은 국가에 의하여 승인되고 그 중심권력에 의하여 강행되는 규범이며, 국가가 명시적 또는 묵시적으로 관습을 법으로 승인하지 않는 한, 그 관습은 관습법으로서의 효력이 없는 것이다. 즉 관습법의 승인, 강행 및 완성은 국가적 작용이다. 이 설에 대하여는 법원의 이러한 판단이 다만 법적 확신이 생긴 사실상의 관습에 대하여 확신하는 의미를 가질 뿐이며, 관습법의 법적 효력을 실질적으로 좌우하지는 못한다는 비판이 있다. 그러나 사회의 자연발생적인 관습법이 존재하는 것은 사실이지만 그것은 일정한 국가법체계상의 것이 아니고 사회학적 견지에서 법의 보편개념으로 불리는 것이다. 그러한 관습법이 특정한 국가의 법이 되기 위해서는 그 국가의 의사에 의한 선택이 필요하다. 즉 국가적 승인 없이 관습법은 존재할 수 없는 것이며, 우리나라 민법 제1조 등이 일정한 제한 아래에서만 관습법의 성립을 규정한 것도 관습법 성립의 기초가 국가의 승인에 있다는 것을 의미하는 것이다.

(3) 관습법의 성립요건

위에서 본 바와 같이 국가가 어떤 관습의 내용을 법으로 승인함으로써 관습법은 성립한다. 국가승인설에 따라 관습법의 성립요건을 분석하면 다음과 같다.

① 관행이 존재해야 한다. 관행은 오랜 세월을 두고 반복하여 관행된 것이어야 한다.

② 그 관행은 법적 내용에 관한 것이어야 한다. 관행이 관습법으로 되기 위해서는 그 관행이 사회질서를 유지하고 발전시키는 데 필요한 법적 가치를 가진 것이어야 한다.

③ 관행이 사회질서에 반하지 않아야 한다(민법 제103조 참조). 즉 공공의 질서와 선량한 풍속을 의미하는 것으로 선량한 풍속이란 사회의 일반적인 도덕관념을 말하고, 공공의 질서란 국가사회의 일반적 이익을 말하는데, 이 둘을 합하여 사회질서라고 한다.

④ 그 관행이 법령의 규정에 의하여 인정된 것이거나(예: 민법 제185조, 제224조, 제229조 제3항, 제234조, 제237조 제3항 참조), 또는 법령에 규정이 없는 사항에 관한 것이어야 한다.

⑤ 그 관행에 대하여 국민일반이 법규범으로서의 확신을 가질 뿐만 아니라 국가가 그 관행을 관습법으로 승인할 것이 필요하다. 이 점에서 관습법은 '사실로서의 관습'과 다르다.

(4) 관습법의 효력

① 관습법과 성문법과의 관계에 있어서, 우리나라에서는 관습법의 법원성을 인정하지만, 그 효력에 대하여는 성문법에 대한 보충적 효력을 인정하는 것이 원칙이다. 민법 제1조는 "민사에 관하여 법률에 규정이 없으면 관습법에 의하고…"라고 규정하여, 성문법에 이미 규정되어 있는 사항에 관해서는 특별히 그 성문법에서 관습에 의한다는 규정이 없는 한, 그

성문법과 다른 관습법이 있다고 해도 그것은 법으로서의 효력을 가지지 않는다.

다만 상사에 관해서는 상법 제1조에 "상사에 관하여 본법에 규정이 없으면 상관습법에 의하고 상관습법이 없으면 민법의 규정에 의한다"고 규정하고 있다. 따라서 불문법인 상관습법이 성문법인 민법의 규정에 우선적(변경적) 효력을 갖게 되는데, 이것은 기업생활관계에 있어서는 보수적이고 정체적인 보다 진보적이고 합리적인 상관습법의 실제적인 의의를 존중한 것으로 상관습법의 성문민법에 대한 개폐적 효력을 인정한 것은 아니다.

또한 민법은 제1조에 대한 중요한 예외규정으로 물권에 관해서는 관습법과 성문법에 동일한 효력을 인정하고 있으며(민법 제185조), 양도담보나 사실혼 등에 있어서는 관습법의 개폐적 효력을 인정하고 있다는 주장도 있다.

② 관습법과 사실인 관습과의 관계에 대한 효력에 대하여, 민법 제106조에 의하면, 법령 중의 선량한 풍속 기타 사회질서에 관계 없는 규정(임의법규)과 다른 관습이 있는 경우에 당사자의 의사가 명확하지 아니한 때에는 그 관습에 의하게 된다. 즉 이러한 관습은 당사자의 의사가 명확하지 아니한 때에는 그 관습에 의하게 된다. 따라서 이러한 관습은 당사자의 의사가 불명확한 때에만 임의법규에 우선해서 법적인 효력을 가지고, 의사의 내용으로 해석되는 것이다. 이것을 법인 관습(관습법)과 구별하여 사실인 관습이라고 한다. 이에 대해 관습법은 법이므로 당사자의 의사와는 관계 없이 효력을 가진다.

3. 판례법

판례법이란 법원에서 일정한 법률문제에 동일 취지의 판결이 반복됨으로써 방향이 대체로 확정된 경우에 성문법화 되지 않고 법적 규범이

되는 법이다. 원래 판결은 개별적 사건에 대한 법규의 구체적 적용일 뿐이므로 그 자체는 법규가 아니지만 판결 속에 내재하는 합리성은 동일한 종류의 사건에 대해서 동일한 판결을 내리게 하므로 그러한 판결이 누적되어 일관성 있는 이론이 정립되면 성문법과 같은 규범력이 인정되게 된다.

특히 불문법주의를 취하는 영미법계에서는 판례의 집합체인 보통법과 형평법이 주된 법원이며, 성문법은 종속적인 의미를 갖는다. 판례는 장래의 재판에 대해 선례의 역할을 하며, 판례의 구속력이 인정되므로 이것을 '선례구속의 원칙'이라고 한다.

이에 대하여 대륙법계, 즉 성문법주의를 취하는 국가에서는 판례가 법원에 대하여 법적 구속력을 가지지 않는 것이 원칙이다. 법관은 다만 헌법과 법률에 의하여 그 양심에 따라 독립하여 심판할 의무가 있을 따름이다(헌법 제103조). 성문법이 완비된 나라에서는 판결이란 법관이 성문법규를 해석하여 사건에 적용하는 것뿐이고 법의 정립이 아니므로, 법원의 하나로서 판례법의 존재를 인정하는 것은 의미가 없을 것이다.

그러나 판결과 사회생활과의 관계에서 상급법원은 법적 안정을 위하여 중대한 이유와 확실한 근거가 없는 한 종래의 판례를 변경하려 하지 않을 것이고(법원조직법 제7조 제1항 3호 참조), 하급법원의 판례와 다른 판결을 내리면 그것은 결국 상급심에서 파기될 염려가 있으므로, 특별한 사유가 없는 한 상급법원의 판례에 따르게 된다. 또 일반인도 사실상 선례에 좇아서 행동하려는 법적 확신이 형성된다. 그러므로 법적으로는 구속력이 없는 판례가 사실상으로는 구속력을 갖게 되어, 판례법도 관습법 중의 특별한 방법에 의한 법정립으로서 법적 구속력이 인정된다고 할 것이다.

4. 조리

조리라 함은 사물의 합리성 또는 본질적인 법칙을 말한다. 즉 사람의 이성에 의하여 승인된 공동생활의 원리를 가리키며, 정의, 형평, 사회

통념, 선량한 풍속 기타 사회질서, 신의성실의 원칙, 사회적 타당성, 경험법칙 등으로 표현되기도 한다. 조리는 넓은 의미로는 자연법과 같은 뜻으로 사용되며 실정법에 대한 평가척도를 의미한다고 할 수 있다.

조리와 법과의 관련성은 첫째, 조리는 실정법 및 법률행위의 내용을 해석·결정하는 데 표준이 될 뿐만 아니라 둘째로는 특히 법률이 존재하지 아니 할 때 조리는 재판의 기준이 되어 적용된다는 점이다. 후자는 특히 조리의 법원성이라는 문제와 관련된다.

조리의 법원성에 대하여는 그것이 사회생활관계를 규율하는 법규범의 흠결을 보충하는 해석상 또는 재판상의 궁극의 적용의 표준이 되는데 그치고, 법 그 자체로는 볼 수 없다는 설이 있다. 그러나 이에 대하여는 다수의 학설이 조리에 법원성을 인정하고 있다. 법률을 아무리 정밀하게 규정하여도 구체적인 사건을 재판할 때 그에 적합한 법률이 없는 경우가 있다. 이 경우에 법관은 법률의 부재를 이유로 재판을 거부할 수 없다. 따라서 법관은 성문법이나 관습법 또는 판례법이 없는 때에는 조리에 따라서 재판을 하지 않을 수 없으므로 결국 조리를 하나의 법규범으로 인정하게 된다는 것이다. 우리 민법 제1조는 "…관습법이 없으면 조리에 의한다"라고 규정하여 조리의 법원성을 인정하고 있으나, 형법에서는 죄형법정주의가 적용되므로(형법 제1조), 조리는 직접 법원으로는 되지 않는다.

제6장 법의 분류

제1절 서론

앞에서 설명한 성문법·불문법으로서의 법원은 법의 존재형식 또는 생성의 원인에서 본 법의 분류이다. 그러면 이렇게 성립된 법, 특히 성문법은 크게 어떻게 분류되는가를 알아보아야 할 것이다. 법은 분류의 표준에 따라 각각 상이한데, 법의 주체에 따라서 국제법과 국내법으로, 규율대상인 생활관계의 실체에 따라서 공법과 사법 및 사회법, 내용면에서 실체법과 절차법 등으로 나눌 수 있다. 이 외에도 법의 적용범위나 효력범위, 규율사항의 성격, 법이 정립된 소재 등을 기준으로 분류할 수도 있다.

법(실정법)은 국내법과 국제법으로 분류할 수 있다. 국제법(공법)은 조약과 국제관습법으로 나뉘고, 국내법은 공법, 사법, 사회법으로 나뉘는데 공법은 실체법으로 헌법, 행정법, 형법 등이 있고, 절차법으로 민사소송법, 형사소송법이 있다. 사법으로는 민법, 상법 등을 들 수 있고, 사회법으로는 노동법, 경제법, 사회보장법 등이 있다.

그러나 위의 분류는 편의상의 것에 지나지 않으며 본질적인 것은 되지 못한다. 이러한 법의 분류는 주로 실정법에 관한 것이지만 한편 자연법이라는 것이 있다. 실정법이란 특정한 시대와 특정한 사회에서 효력을 가지는 법규범을 말하며 법형식에는 헌법, 법률, 명령, 규칙 등 성문법이 보통이지만 예외적으로 관습법, 판례법, 조리법 등과 같은 불문법도 있다.

이와 같은 실정법은 각기 상하의 단계구조를 이루는 것이 특징이다. 그러나 이러한 실정법이 정당한 것인가 아닌가 하는 표준은 그 자체로서는 기준이 될 수 없으므로, 이 정당성 여부에 대한 평가의 기준은 그것을 초월한 어떤 영원한 객관적 질서에 의하여 행하지 않으면 안 될 것이다. 그 기준이 되는 법이 자연법으로 국가의 승인 이전에 국가권력과 관계없이 신의 의사, 사물의 본성, 인간의 이성에 따라 바르다고 파악되는 관념을 말하며 정의의 법이라 할 수 있다. 이러한 자연법은 우리가 법학의 대상으로 삼고 있는 국가를 매개로 해서 성립하는 실정법을 해석하고 그 궁극적인 이념을 탐구할 때는 직접·간접으로 평가의 기준이 되는 것이다.

이하에서는 국내법과 국제법의 분류, 공법과 사법 및 사회법, 실체법과 절차법을 중심으로 설명하고 기타의 분류방법에 대해서도 간단히 알아보도록 한다.

<법의 분류>

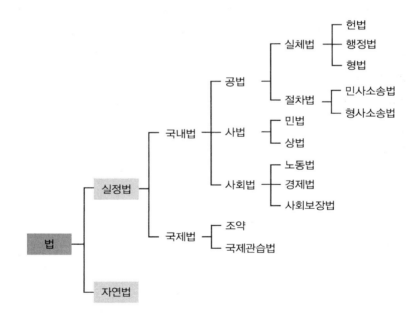

제2절 국내법과 국제법

국내법과 국제법은 법을 인정하는 주체 및 법이 행하여지는 범위를 표준으로 한 분류이다. 첫째 국내법은 특정국가의 단독의사에 의하여 성립하여 그 국가의 구성원 또는 영역 내의 모든 사항에 대하여서만 효력을 가지는 데 비하여, 국제법은 여러 국가 간의 명시 또는 묵시의 합의에 의하여 성립하고 관계된 여러 국가의 행동을 규율한다. 둘째, 국내법은 국가와 그 이외의 단체 또는 개인 간의 관계라든가 그러한 단체 또는 개인 상호 간의 관계를 규율하는 데 비하여, 국제법은 주로 국제단체와 각 국가의 관계라든가 국가 상호간의 관계 등을 규율하는 법이다. 셋째, 국내법은 국가에 의하여 승인·보장되는 법으로서 법을 제정·집행·적용하는 제각기 특정한 권한을 가진 기관이 상설되어 있는 데 비하여, 국제법은 국제사회에 의하여 승인·보장되는 것이기는 하지만 그것이 매우 불완전하며 법의 위반자에 대한 유효적절한 강제수단을 가지지 못하는 경우가 많다. 이러한 성격의 차이에서 국제법이 과연 법적 성격을 가지는가에 대하여는 학설이 대립되고 있으나 일반적으로 국내법에 비하여 약하기는 하지만 조직적인 사회력에 의하여 강행되고 국제사법재판소 등에 의해서 위법 여부에 대한 판단도 가능하므로 그 법적 성격은 그대로 유지된다고 볼 수 있다.

그런데 만일 국내법과 국제법이 서로 모순하여 충돌한다고 하는 경우 어느 법의 효력이 우월한가에 대하여는 대체로 세 가지 견해가 있다. 첫째는 국가주권의 자주 독립성을 중요시하는 국내법우위론이다. 이것은 국제법을 국내법의 하위에 놓으며, 때로는 국제법은 타국과의 관계를 규율하는 국내법의 일종에 지나지 않는 것으로 보기까지 한다. 둘째는 국내법의 효력은 국제법에 모순되지 않는 한도 내에 그친다고 하는 국제법우위론이다. 이에 의하면 국제법과 국내법은 하나의 통일적인 법질서를 구성하며, 그 경우 다수의 국가 간 합의에 의한 국제법은 단지 한 국가만의 의사에 지나지 않는 국내법보다도 우월한 효력이 인정되지 않으면 안 된다고 한다. 셋째는 이른바 이원론으로서 국내법과 국제법은 원래 존재형식을 달리하고 그 규율의 대상 내지 지배영역을 달리하며, 나아가 그 실질적 내용을 달리하는 전혀 별개의 법이며 따라서 양자는 어느 것이 우위에 서느냐를 묻지 않고 각각 독립적으로 그 효력이 인정되어야 할 것이라고 한다. 현재로는 이원론이 상당히 유력한 설로서 인정되고 있으며 다만 국가책임에 관하여는 국제법우위론이 더 타당한 것으로 받아들여지고 있다.

한편 국제법에는 국가 간의 명시적 합의에 의하여 성립되는 조약과 묵시적 합의에 의하여 성립되는 국제관습법이 있다. 이러한 국제법과 구별해야 할 개념으로서 국제사법이라는 것이 있는데 이것은 국내법의 일부로서 섭외적인 사법관계에 대하여 각 국가 간의 사법관계의 저촉이 있는 경우 어느 나라의 법을 적용할 것인가를 결정하는 하나의 국가의 법이다. 우리나라에서는 국제사법을 섭외사법이라고도 한다. 반면에 국내법은 크게 공법, 사법, 사회법의 세 체계로 나누어지며, 공법은 다시 헌법, 행정법, 형법, 소송법 등으로 세분되고, 사법은 민법, 상법 등으로 세분되며, 사회법에는 노동법 경제법, 사회보장법 등이 있다. 구체적인 내용은 각론에서 자세히 다루도록 하고, 여기서는 먼저 종래에 전통적으로 중시되어 온 공·사법의 구별과 사회법에 대하여 살펴본다.

제3절 공·사법과 사회법

1. 공법과 사법

법을 분류하는 데 있어서 가장 어려움이 많은 것은 공법과 사법의 분류이다. 공법과 사법은 모두 국법질서를 이루는 법체계로서 국가의 법

제정절차를 거쳐서 성립되는 점도 같다. 따라서 공법과 사법을 구별하는 것이 상식으로 되어 있더라도 법 그 자체의 본질적 구별은 아니고 여러 가지 실제상의 필요에서 발생한 구별이다. 그 구별의 기준을 어디에 두느냐에 관하여는 이익설, 주체설, 법률관계설, 생활관계설 등 학설이 대립되어 있다.

(1) 이익설

법이 보호하는 이익이 무엇이냐에 따라 공익을 보호하는 것을 목적으로 하는 법이 공법, 사익을 보호하는 것을 목적으로 하는 법이 사법이라는 설이다. 그러나 법이 보호하는 이익을 공익과 사익으로 명확히 구별하기는 어려울 뿐만 아니라 일반적으로 공법에 속하는 법도 사익을 보호하는 규정이 있고, 사법에 속하는 법도 공익을 보호하는 규정이 포함되어 있다. 따라서 모든 법은 공익과 함께 사익을 보호하고 있으므로 이익설로써 공법과 사법의 구별을 하기는 어렵다.

(2) 주체설

이 설은 법률관계의 주체가 누구이냐에 따라 국가나 기타의 공법인 상호간의 관계 또는 그들과 사인과의 관계를 정하는 법은 공법이고, 사인 상호간의 관계를 정하는 법을 사법이라고 한다. 그러나 이 설에 의하면 국가나 기타의 공공단체에 대하여서는 왜 사인과 다른 취급을 하지 않으면 아니 되느냐 하는 의문이 생길 뿐만 아니라 국가 기타의 공공단체가 사인과 대등한 지위에서 매매와 같은 계약을 체결하는 경우에는 민법이나 상법 등의 사법규정에 의하여 규율되는데, 이 설은 공법으로서 모호하게 분류된다는 모순이 있다.

(3) 법률관계설

이 설은 규율하는 법률관계의 성질에 따라 불평등관계, 즉 지배복종의 수직관계를 규율하는 법을 공법, 평등·대등의 수평관계를 규율하는 법을 사법이라고 하는 견해이다. 이 설은 다음과 같은 모순이 있다. 예를 들어 전통적으로 공법의 영역에 속하는 것으로 인정되어 온 국제법은 평등한 국가 간의 관계를 규율하는 것이기 때문에 사법이라고 할 수 있고, 반면에 민법의 친족관계는 평등·대등의 관계가 아니므로 공법이 되지 않을 수 없다. 그러나 누구나 국제법은 공법이고 친족법은 사법임을 의심하지 않으므로, 이 설도 공·사법의 구별을 위한 표준으로서 타당하다고 할 수 없다.

(4) 생활관계설

이 설은 법이 규율하는 사람의 생활관계를 표준으로 삼아 국민으로서의 생활관계를 규율하는 법이 공법, 인류로서의 생활관계를 규율하는 법이 사법이라고 한다. 예를 들어 국민이 납세의무를 부담한다든가 군복무를 하는 것은 국민으로서의 생활관계로 공법영역이고, 부부·친자와 같은 관계는 인류로서의 생활관계로 사법의 영역이라고 한다. 대체로 많은 지지를 얻고 있는 설이기는 하지만, 무엇이 과연 국가생활이고 무엇이 인류로서의 생활인가를 구별하기에는 명확하지 못하다는 한계가 있다.

이상의 여러 학설들은 제각기 일정한 법영역에 있어서는 구별기준으로 타당하지 못함을 알 수 있다. 그러나 이들 이론이 공·사법의 본질을 이해하는 데 도움을 주는 근거를 나름대로 제시하고 있는 점은 인정할 수 있다. 공법과 사법의 구분은 결국 특정 실정법 가운데에도 공법 영역과 사법 영역이 혼합되어 있는 경우가 많은 데 착안하여, 하나하나의 법규를 보고 판단하여야 할 것이다. 이러한 관점에서 사법은 원래 평등한 사인간의 관계를 규율하며 통치권의 발동과는 관계가 없으므로, 사법의 기본원리는 개인이 자유로이 법률관계를 형성하도록 할 것을 내용으로 한다(사적자치). 이에 대하여 공법은 국가의 통치권의 발동에 관한 법이므로 공법상의 법률관계는 법에 의해서 정하여지며 사인이 자유로이 설정하는 것은 인정되지 않는다.

2. 공·사법의 발전 양상

공법과 사법의 구분은 역사적인 산물이며, 근대시민사회에 들어와 비로소 국가생활과 사회생활이 분리된 것을 배경으로 하고 있다. 역사적으로 로마법 체계에서는 공법과 사법의 구별이 인정되었으나, 게르만법이 지배한 중세 유럽에서는 공·사법의 구별이 인정되지 않았다. 유럽에서 봉건제도가 붕괴되고 로마법이 계수됨으로써 공·사법의 개념이 비로소 발달되었다. 중세의 봉건사회는 신분적 계층조직을 이루고 있어서 모든 법률관계는 이들 신분조직과 결부되어 성립되었으므로 공·사법의 구별은 없었다. 예컨대 영주가 토지를 영유하면 그 토지는 물론 토지 안에 살고 있는 사람까지 지배하여, 사법상의 소유권과 공법적인 지배권이 결합되어 불가분의 관계를 이루게 된다. 따라서 여기에는 공법이나 정치법만이 법으로서 인식되고, 정치와 관계가 없는 사인의 생활은 법의 대상이 될 수가 없었다.

그러나 근대에 들어와 국가의 주권이 확립되는 한편 모든 인간은 권위와 신분으로부터 해방되고, 독립·평등의 법적 인격과 사회활동이 보장되었다. 이에 따라 사인에 의한 자유로운 법률관계의 창설을 승인하는 사법영역이 형성되었다. 영국의 법학자 메인은 이러한 법의 발전을 "신분에서 계약으로"라는 말로 적절히 표현하고 있다. 이것은 봉건사회의 법이 신분을 중심으로 하고 개인의 의사를 기초로 하지 않는 법인 데 비하여, 근대사회의 법은 주체적인 개인을 중심으로 하고 개인의 자유의사에 의한 법률관계의 계약에 의해 규율하는 법이라는 의미이다. 더욱이 근대사회에서는 공법과 사법이 명확히 분리되며 공법보다는 사법, 특히 계약법의 우위성이 인정되었다. 이는 결국 계약의 자유를 원칙으로 하는 임의법이 발전하여 사법에서도 중심적 지위를 차지한 것이다. 이러한 근대사법의 특질은 근대 시민사회의 경제조직인 자본주의와 깊은 관련을 맺고 있다. 자본주의경제는 계약의 자유와 사적 소유의 보장이라는 중요한 법의 기둥에 의하여 수립되고 지지되어 온 것이다.

그러나 이러한 계약자유의 원칙과 소유불가침의 원칙은 자본주의 경제의 발전과 함께 약육강식의 자유를 조장하는 데 늘 그 법적 근거가 되었다. 그 결과 한편으로는 경제적 강자와 경제적 약자를 발생시켰고, 다른 한편으로 자유, 평등, 독립이어야 할 사람들 사이에 지배와 예속의 관계를 발생케 하였다. 이는 현실적으로 소유하지 못하는 일부의 사람에게는 그 사회적 생존을 위협당하는 결과를 가져온 것이다. 따라서 그 폐단을 시정하고 극복하기 위하여 사람들의 생존권을 보장하면서 사적 소유권이나 계약의 자유를 제한하기 위하여 새로운 법의 영역으로 사회법이 등장하였다. 이 사회법은 사적 자치라는 사법원리에 대하여 공법상의 제한을 부과하며, 공법적 성격을 강하게 띠고 있어서 '사법의 공법화'라든가 '공·사법의 융합화', '강행법에 의한 임의법 영역의 잠식' 등으로 불리는 법현상을 발생시킨 것이다. 임금근로자의 지위향상을 위한 노동법, 국민경제적 입장에서 분배관계를 조정하는 경제법, 기타 사회보장법, 사회복지법 등이 사회법에 속한다.

오늘날 사회법은 공·사법과 함께 국가법의 한 영역을 구성하며, 공법과 사법이 융합화하여 혼재하게 됨에 따라 새로이 제3의 법의 영역을 형성한 것이다. 앞에서 메인이 법의 발전을 "신분에서 계약으로"라고 하였지만, 어떤 의미에서는 근대법의 발전도 개인의 자유의사를 제한하고 있다는 점에서 '계약에서 신분으로' 전이되어 진전하고 있다고 하겠다.

3. 사회법의 출현

사회법은 원칙적으로는 사법의 존재와 그 고유의 법 영역을 인정하면서, 경제적인 약자를 보호하는 견지에서 공법적인 통제를 가하여 사인의 실질적 평등을 실현하려고 하는 법이며, 개인본위의 법원리를 수정하는 의미를 가진 법이다.

사회법은 역사적으로 다음과 같은 일반적 특징을 내포하고 있다. 첫째, 사회법은 그 대상이 자본주의사회에서 곤란을 받고 있는 특수한 부분사회에 소속된 사회적 인간을 예상한 법이다. 자본주의사회는 상품교환사회이면서 동시에 노동이 상품화된 사회이다. 여기서 인간은 노동력이라는 상품소유자로 추상화되어 개별성이 무시되며 자본가에게 종속되기 쉽다. 사회법은 이들에 대한 '인간의 법'으로 등장한 것이다.

둘째, 사회법은 자본주의의 모순을 수정하기 위한 법이다. 자본주의는 개인주의, 자유주의, 영리주의, 사유재산, 자유경쟁을 원리로 하고 있는데, 그 발전과정에서 자본의 집중화, 독점적 지배화, 대중의 빈곤화, 실업의 만성화, 사회의 불안화라는 모순을 발생케 하고 있다. 사회법은 이에 대한 수정원리를 특성으로 한다.

셋째, 사회법은 자본주의사회 내의 계층의 대립을 해소하고, 피압박계층의 저항을 완화하기 위한 사회정책적인 법으로서의 특징을 갖고 있다.

넷째, 사회법은 생존권적 이념을 원리적 기초로 하여 사회적 약자를 보호하기 위한 법이다.

다섯째, 시민법 아래에서는 현실의 절실한 생존권적 요구를 처리할 수 없게 되었고, 이 과정에서 공법과 사법이 혼합된 제3의 영역으로 나타난 법이며, 사회법은 이러한 시대적 추세의 산물이라는 특징을 갖고 있다. 따라서 사회법 속에서는 ① 임의법이 강행법으로 전환되고, ② 공법과 사법이 상호침투되어 공법과 사법의 중간형태를 이루며, ③ 공법과 사법을 동시에 자기 안에 종합한 차원에서 형성된 법체계이다.

이와 같이 형성된 법체계는 크게 3가지 영역으로 나누어 발전되었다. 그 하나는 자본주의 경제구조 속에서 점차로 증대되어 가는 임금근로자의 사회적 지위향상을 위하여, 국가가 직접적으로 노사관계에 관여하거나 간섭하고 규제하는 노동법 영역이다. 우리나라의 실정법으로는 근로기준법, 노동조합 및 노동관계조정법, 근로자참여 및 협력증진에 관한 법률

등이 있다.

둘째의 영역은 국민경제적 입장에서 그 수급관계의 조정을 목적으로 하여 사적 경제활동에 대한 국가의 통제를 규정하는 것으로서, 자본주의의 경제를 시인하면서도 자본주의경제의 자연적인 동향이나 과도한 진행을 방임하지 않고 그것을 통제하려는 경제법의 영역이다. 우리나라의 실정법으로는 독점규제 및 공정거래에 관한 법률, 부정경쟁방지 및 영업비밀보호에 관한 법률, 중소기업기본법, 은행법, 금융실명거래 및 비밀보장에 관한 법률 등이 있다.

셋째의 영역은 자본주의의 발달에 따라 점차 증가하는 사회적 약자 내지 빈민계층에 대하여 국민의 생존권을 확인하고 그 생활을 보장하기 위한 국가의 정책으로 수립된 사회보장법과 적극적으로 국민이 빈곤상태에 빠지지 않도록 사회복지의 증진을 위한 입법으로 사회복지법이 있다. 우리나라의 실정법으로 전자에 해당하는 것은 사회보장기본법 등이 있고, 후자에 속하는 것으로는 사회복지사업법, 노인복지법, 아동복지법, 장애인복지법, 국민연금법, 의료급여법, 공무원연금법 등이 있다.

제4절 실체법과 절차법

이 구별은 법규정의 내용에 따른 분류인데, 실체법은 법률관계의 실체, 즉 권리와 의무의 발생, 변경, 소멸, 내용, 성질 및 범위 등을 규정하는 법을 말하며, 절차법은 권리와 의무를 실현하는 절차, 즉 권리의 행사, 의무의 이행, 보전, 강제이행 등의 절차를 규정하는 법이다. 따라서 민법, 상법, 형법, 헌법 등은 실체법이고, 민사소송법, 형사소송법, 비송사건절차법, 부동산등기법 등은 절차법이다. 실체법이 서로의 이해관계를 조정·통제하는 데 목적이 있다면, 절차법은 이것을 질서 있게 진행시키는 데 목적이 있다고 할 수 있다. 따라서 실체법과 절차법이라는 두 다리를 가지고 우뚝 서 있는 것이다.

그러나 이러한 구별은 절대적인 것은 아니고, 민법과 같은 실체법 속에도 법인설립절차에 관한 절차적 규정이 있을 수 있고, 부동산등기법과 같은 절차법 속에도 가등기의 효력 등에 관한 실체적 규정이 있을 수 있다. 대체로 사법은 거의가 다 실체법이고, 공법과 사법의 두 영역에 걸쳐 있는 사회법은 실체법과 절차법의 두 가지 성격을 모두 포함하고 있다.

실체법과 절차법의 관계에서 주의해야 할 점이 두 가지가 있다. 첫째로 법원은 실체법 없는 것을 이유로 재판을 거절할 수 없다. 그러나 실체법이 있는 경우라도 절차법이 없는 때에는 재판을 개시하거나 진행시킬 수 없다. 둘째로 법률불소급의 원칙에 있어서 실체법은 개정된 신법에 소급효를 인정하지 않는 것이 원칙이나, 절차법은 오히려 개정된 신법에 소급효를 인정하여 적용한다. 왜냐하면 법률의 불소급은 권익의 침해를 막기 위한 것인데, 절차법은 권리·의무의 내용에 관계되는 것이 아니므로 신법을 적용하더라도 권익을 침해하는 일이 없기 때문이다.

제5절 일반법과 특별법

이것은 법의 효력범위, 즉 법이 미치는 범위가 일반적이냐 또는 특별한 제한이 있느냐에 의한 분류이다. 법의 효력이 미치는 범위에 특별한 제한이 없는 것이 일반법이고, 일정한 범위 안에서만 효력을 가지는 법이 특별법이다.

법의 효력은 사람, 장소, 사항 등에 따라 제한되기도 하는데, 민법이나 형법이 일반법인 데 대하여 선원법이나 군형법은 선원이나 군인이라는 특정한 '사람'에게만 적용되는 특별법이고, 지방자치법이 일반법인 데 대하여 지방자치단체의 조례나 규칙은 특정한 '장소'에만 적용되는 특별법이며, 민법이 일반법인 데 대하여 상법은 상행위라고 하는 특정한 '사항'에만 적용되는 특별법이다.

그러나 이러한 구별은 절대적인 것이 아니라 상대적인 것이다. 즉 상법은 민법에 대하여는 특별법이지만, 은행법·보험업법 등에 대해서는 일반법의 지위에 있다. 이러한 일반법과 특별법의 관계는 동일한 법전의 규정안에서도 가능한데, 형법 제250조 제1항이 일반살인죄에 관한 일반규정인가 하면 형법 제250조 제2항은 존속살인죄를 처벌하는 특별규정이다.

법을 일반법과 특별법으로 구별하는 실익은 법의 효력 및 재판과정에서 법을 적용하는 순서를 명확히 하는 데 있다. 그것은 일정한 사항에 관하여 적용될 법이 병존하는 경우에 "특별법은 일반법에 우선한다"는 원칙이며, 특별법에 규정이 없는 경우에 한하여 일반법이 적용된다. 이를테면 상사에 관하여는 특별법인 상법이 우선적으로 적용되며, 상법에 규정이 없는 경우에 일반법인 민법의 규정이 적용되는 것이다(상법 제1조 참조).

제6절 원칙법과 예외법

원칙법과 예외법도 법의 효력범위에 따른 구별이지만 일반법과 특별법의 구별과는 다소 차이가 있다. 원칙법이란 일정한 사항에 대하여는 원칙적으로 적용되는 법을 말하며, 예외법은 그 일정사항에 대하여 특별한 사정이 있는 경우에 원칙법의 규정을 배제하고 적용되는 예외적인 법을 말한다. 예를 들면 민법 제3조는 "사람은 생존한 동안에 권리와 의무의 주체가 된다"고 규정하여 자연인의 권리·의무능력의 존속기간을 원칙적으로 정하였다. 그런데 이 규정에 따르면 태아는 권리를 보호받을 수 없게 되므로, 민법 제762조에서는 "태아는 손해배상의 청구권에 관하여는 이미 출생한 것으로 본다"고 하였는데, 이것은 민법 제3조에 대한 예외법이다. 이와 같이 원칙법은 보편적이고 추상적이므로 개개의 구체적 사례에 이것을 적용하면 오히려 불합리한 결과를 가져오므로 그 완화를 위하여 예외법을 두게 된다.

이와 같이 원칙법과 예외법은 어떤 특정한 사항에 관하여 원칙과 예외를 정하는 한편 상호 보충적 관계가 없는 법이다. 그런데 일반법과 특별법은 이보다 훨씬 넓은 사항과 사람·장소적 범위를 표준으로 효력을 정하는 법이라는 점에서 차이가 있다. 그러므로 일반법과 특별법은 법령과 법령 사이에서 구별되지만, 원칙법과 예외법은 동일한 법령 중 또는 동일한 조문 중에서 구별되는 것이 보통이다. 하나의 법조문 중 '단서'의 규정은 대부분이 예외규정이다.

원칙법과 예외법을 구별하는 실익의 하나는 예외법은 엄격히 해석하여야 한다는 해석원칙이 있어서 예외규정을 함부로 확장해석해서는 안 된다는 것이고, 다른 하나는 거증책임의 문제로서 원칙법 적용의 전제요건이 되는 구체적 사실의 거증책임은 원고(청구자)에게 있으나, 예외법 적용의 전제요건이 되는 구체적 사실의 거증책임은 피고(피청구자)가 부담하도록 하는 데 있다.

제7절 강행법과 임의법

당사자의 의사에 의하여 법의 적용을 배제할 수 있느냐 없느냐에 따라서 강행법과 임의법으로 나누어진다. 임의법이란 당사자가 그 법의 규정과 다른 의사표시를 한 때에는 그 법의 규정이 적용되지 않는 법을 말한다.

그런데 본래 법은 조직화된 사회력에 의하여 강행되는 사회규범인 이상 강행법이 원칙이다. 그러므로 임의법도 일단 당사자의 의사에 의하여 적용하기로 한 다음에는 강행되는 것이며, 단지 당사자가 미리 반대의 의사를 표시함으로써 그 적용을 면할 수 있는 점에서 강행법과 차이가 있다.

강행법과 임의법의 구별은 법의 내용이 사회 전체의 이익이나 제3자의 이익 또는 당사자 간의 공평을 유지하는 것을 내용으로 할 때에는 그 실현을 강행할 필요가 있으므로 강행법규가 많고(헌법, 형법, 행정법, 소송법 등), 민법이나 상법처럼 당사자의 이익을 보호하는 것이 법의 내용일 때에는 당사자의 의사를 존중하여 임의법으로 하게 된다. 그러나 강행법이냐 임의법이냐 하는 것은 한 법령 전체를 두고 말하기는 어렵다. 이를테면 민법 중의 무능력자제도나 물권 및 친족관계에 있어서는 강행규정이 많으며, 상법 중 회사법의 규정도 그러하다. 반면에 공법인 민사소송법의 합의관할에 관한 규정(민사소송법 제29조)은 임의규정이다.

그러므로 어떤 법규가 강행법이냐 임의법이냐 하는 것은 개개의 규정을 두고 판단할 수 있을 뿐인데, 흔히 법문 중에 "…하여야 한다"(민법 제5조 제1항), "…할 수 없다"(민법 제17조 제1항), "…으로 변경하지 못한다"(상법 제663조), "…그 효력이 없다"(민법 제652조) 등은 강행법규가 명백하다. 또 법문 중에 "…다른 의사표시가 없는 때에는…"(민법 제133조), "다른 규정이 있는 때에는…"(민법 제78조 단서) 등으로 표현된 규정은 임의법규임이 뚜렷하다. 그러나 이와 같이 구별이 명확하지 않은 법규는 각 조항의 내용이나 성질 또는 입법정신 등으로 판단할 수밖에 없다.

이와 같이 강행법과 임의법을 구별하는 실익은 당사자가 법규에서 정한 내용과 다른 의사표시 기타의 행위를 한 경우에 그 효력을 법규와 달리 하는 데 있다. 즉, 임의법에 있어서는 그 내용에 반하는 의사표시 기타의 행위의 효력이 유효하거나(민법 제105조 참조) 또는 적어도 불법한 것이 되지는 않는다. 그러나 강행법에 위반한 의사표시 기타의 행위의 효력은 무효이거나(민법 제103조 참조) 취소할 수 있고(민법 제5조 제2항) 또는 일정한 제재의 대상이 되는 것이다(민법 제97조, 상법 제622조 이하).

제8절 고유법과 계수법

고유법과 계수법의 구별은 법의 발생을 표준으로 하여 분류한 것이다. 고유법이란 그 국가만의 고유한 법적 소재를 기초로 하여 발생·발달한 법이며, 계수법은 외국에서 발생·발달한 법의 일부 또는 전부를 받아들여 형성된 법을 말한다. 계수법의 성립기초가 된 외국의 법을 모법이라하고, 계수된 법 자체를 자법이라고 한다.

법을 계수하는 방법에는 두 가지가 있는데, 직접계수법은 외국법을 그대로 번역하여 자국법으로 만든 것이고, 간접계수법은 외국법을 참고로하여 거기에 자국의 특수성을 고려하여 만든 법이다. 유럽 근대국가의 법은 대부분이 로마법을 계수한 것이며, 우리나라에 있어서는 옛날에 당률, 명률 등 중국법을 계수한 것이 많았으나 현대에 와서는 친족·상속법을 제외하고는 독일, 프랑스 등의 법을 계수한 것이 많다. 최근에 상법 중 주식회사에 관한 규정 등은 영미법을 부분적으로 계수하고 있다.

법을 고유법과 계수법으로 분류하는 것도 상대적이다. 계수법이 오랜 시일을 경과하여 국민의 속에 흡수화되면 계수법 본래의 성질은 상실되고 고유법화 하는 것이다. 이러한 의미에서 우리가 계수한 법들도 이제는 우리 생활의 규범으로 융화되어 우리나라의 고유법으로 된 것이 많다. 법을 이와 같이 고유법과 계수법으로 분류하는 실익은 법의 연구방법을 달리하여야 한다는 점에 있다. 고유법의 경우에는 자기 나라의 법제를 연구함으로 족하나, 계수법의 경우에는 모법의 발상지인 외국의 법제를 연구해야 한다.

제7장 법의 효력

제1절 서론

법은 현실적으로 적용됨으로써 우리들의 생활을 규율하고 구속한다. 그것은 법이 의미하는 규범적 내용이 타당한 것으로서 지켜질 것이 요구되며, 현실적으로 사실상 지켜지고 실행된다는 것을 의미하는 것이다. 이와 같이 법이 타당한 것으로서 지킬 것이 요구되며, 현실적으로 사실상 지켜지고 실행되는 것을 법의 효력이라 한다. 다시 말해서 법이 법으로서의 구속력을 가지고 국민 일반의 행태를 규율하는 규범으로서 그 의미·내용대로 사실상 실현할 수 있는 힘을 말하는 것이다.

법의 효력 문제는 다음과 같이 두 가지 측면으로 나누어 생각할 수 있다. 하나는 '법이 현실 생활 속에서 실현된다는 것이 무엇인가' 하는 것을 밝히는 것으로 법의 타당성과 실효성을 조화시키는 것이며, 법의 효력 근거를 풀이하는 실질적 효력의 문제이다. 다른 하나는 일정한 실정법이 시간적, 장소적, 인적으로 어떠한 한정된 범위 안에서만 효력을 가지는가 하는 문제로 이것을 법의 형식적 효력이라고 한다.

제2절 법의 실질적 효력

1. 의의

법의 실질적 효력이란 법이 사회규범으로서 우리들의 생활을 규율하고 구속하는 근거는 어디에 있는가 하는, 이를테면 법의 효력의 근거에 관한 문제이다. 바꾸어 말하면 법이 어떻게 현실 속에 실현되느냐를 묻는 것이다. 사람의 행위와 관련되고 있는 규범에 '효력'이 있다는 것은, 그것이 구속성을 갖는다는 의미와 사람은 규범이 정한 내용대로 행위한다는 것을 의미한다. 이것은 법규범의 '행위규범적 측면'과 '강제규범적 측면'을 반영하는 것이다.

따라서 법이 현실사회에서 효력을 가지는 것은 두 가지로 나누어 생각할 수 있다. 하나는 일정한 행위규범, 이를테면 '사람을 죽이지 말라'는 규범은 사실상 사회생활에서 완전히 실현되지 못하는 경우이지만 사회생활상의 행위준칙을 제시하고 있다는 점에서 의미가 있다. 즉 법이 규정한 대로 준수할 것을 요구하고 있다는 사실에서 효력을 가지는 것이며, 이것을 법의 규범적 타당성이라고 한다. 다른 하나는 법규범이 실정법으로서 일정한 사실에 대하여는 규정에 따른 강제력을 가져야 하며, 강제규범으로서의 성격을 부여하기 위해서 법은 사실적 실효성을 가져야 한다. 이와 같이 법이 실질적 효력을 갖기 위해서는 법의 타당성과 실효성이 그 근거로서 밑받침되어야 한다.

그런데 이 양자는 내면적으로는 긴밀한 관계에 있으면서 서로 결합하여 법을 실정법으로서 그 효력을 발생케 하는 것이다. 양자가 서로 모순되고 대립하는 경우에도 그러한 상호관계의 존재가 법의 타당성을 바로 소멸하게 하거나 양자 간의 관계를 단절시키는 것은 아니며, 법의 타당성이 법규범의 의미와 내용을 사실상 실효성 있게 하는 가능성을 항상 내포하고 있다. 이러한 가능성이야말로 법으로서의 효력을 가지는 동시에 실정법으로서의 존재가치가 인정될 수 있도록 하는 교량적 역할을 하는 것이다.

2. 근거

종래부터 법의 실질적 효력의 근거에 대하여는 다양한 이론들이 제기되어 왔다. 즉 신의설, 실력설, 역사법설, 자연법설, 주권자명령설 등이 그것이다. 각 주장의 요점을 간략히 살펴보면 다음과 같다. ① 신의설에 의하면 법은 신의 의사를 직·간접적으로 나타낸 것이므로 보편타당성을 갖는 것이며, 또한 신의는 최고절대적인 존재이므로 그 계시인 법에 마땅히 따라야 한다는 것이다. ② 실력설에 의하면 강자의 이익에 합치되는 것이 정의이며, 강자가 약자를 억압·지배하는 실력에 법의 효력의 근거가 있다고 하여 법의 효력근거는 실력이라고 보았다. ③ 역사법설은 법의 효력의 근거는 민족의 법적 확신에 있다고 한다. ④ 자연법설은 실정법의 배후에 보다 근원적인 자연법질서가 있음을 인정하고 실정법도 자연법의 이념에 합치하기 때문에 효력이 있다고 한다. ⑤ 주권자명령설에서는 법은 결국 주권자인 군주나 그 밖의 통치자의 명령이라고 보고, 그에 의거한 통치자의 명령에 법의 효력의 근거가 있다고 한다.

그러나 현재의 지배적인 이론은 사회승인설이라고 하는 것이다. 사회승인설에 의하면, 법이 사회규범으로서 인간의 생활을 규율하고 구속하는 근거는, 그것이 실력이며 주관자의 명령이며, 또는 자연율로서 사회의 사람들에 의하여 지키지 않으면 안 되는 법규범으로 승인되고 지지되는 데에 있다고 한다. 법이 실력이고 명령으로서 그에 의하여 법이 권위를 갖는다고 해도, 사회의 많은 사람들의 의식 속에 시인되고 승인되지 않으면 법의 질서유지라고 하는 기능은 소멸될 수밖에 없다. 그러므로 법의 근거는 사회구성원의 의식에 의한 승인에 있다는 것이다.

일견 역사의 산물이라고 생각되는 관습법도 그것이 오랫동안 사회의 구성원에 의하여 승인되고 지켜져 온 것이다. 근대 민주주의국가에 있어서 성문법의 경우는 말할 나위도 없다. 즉 민주국가사회에 있어서는 국민들 스스로가 사회의 질서를 유지하기 위하여 법을 승인하고 제정하게 된다. 결국 국민 스스로의 자치자율의 규범으로서 존재하는 것이 성문법이며, 그와 같이 법이 성립됨으로써 국민은 자발적으로 법을 지키며 복종하는 것이다. 요컨대 법은 사회적 승인에 의하여 법으로서 효력을 가지고 지지된다고 할 수 있다.

제3절 법의 형식적 효력

앞에서 우리들은 법이 효력을 갖는 근거에 대하여 살펴보았다. 법은 효력을 가지고 있기 때문에 비로소 법일 수 있는 것이며, 효력을 갖고 있지 않은 법은 존재가치도 없는 것이다. 그러나 실정법은 일정한 시대, 특정한 사회 속에서 생성하고 발전하는 것이므로 그 효력은 무한한 범위에 미치는 것은 아니며 성문법이든 불문법이든 일정한 한계가 있다. 이와 같이 법의 실질적 효력이 미치는 범위를 법의 형식적 효력이라고 한다. 법의 일반적 효력이 미치는 범위는 시간에 관한 효력, 사람에 관한 효력 및 장소에 관한 효력의 셋으로 나누어 볼 수 있다. 다만 각각의 법규는 그 자체의 특수성으로 인하여 적용범위를 달리하므로 여기서는 일반적인 적용범위에 대하여 살펴보기로 한다.

1. 법의 시간적 효력

법의 시간적 효력이란 일반적으로 법이 어느 때부터 어느 때까지 효력을 갖는가 하는 문제이다. 법은 제정이 되었더라도 '시행'이 있기 전이나 '폐지'된 후에는 효력이 생기지 않는다. 즉 법은 시행됨으로써 효력을 발생하고 폐지함으로써 효력이 상실되는데, 이 기간을 법의 유효기간 또는 시행기간이라고 한다.

(1) 법의 시행

성문화된 제정법은 그 제정과 동시에 효력을 발생하는 것이 아니라, 그 성립 후에 의하여 일정한 기간 동안 국민에게 법의 성립과 그 내용을 알려야 하며, 그 후 일정한 기일에 시행됨으로써 비로소 효력을 발생한다. 공포는 관보에 게재하는 방법으로 한다. 이와 같이 법이 공포된 후 일반국민에게 법의 성립과 내용을 알리기 위한 일정한 기간을 법의 주지기간 또는 시행유예기간이라고 한다.

법령의 시행기일이 특별히 정해져 있지 않은 경우에는 공포한 날로부터 20일을 경과함으로써 효력을 발생하는데(헌법 제53조 제7항, 법령 등 공포에 관한 법률 제13조), 이러한 주지기간은 각 법률에 따라서 일정하지 않다. 1995년 8월 4일 개정된 남녀고용평등법은 그 부칙에서 공포한 날로부터 시행한다고 규정하였으며, 민법과 같은 경우에는 1958년 2월 22일에 공포되어 1960년 1월 1일부터 시행되었으므로 거의 2년 간의 주지기간을 두었다. 민법과 같은 예는 재산 및 가족관계에 걸쳐 국민에게 직접적인 영향을 주는 중요하고 방대한 법률이므로 일반 국민에게 충분히 주지시킬 필요가 있었기 때문이다. 또 시행은 시행지역 전반에 걸쳐 동시에 시행하는 것이 원칙이지만, 중앙으로부터 지방까지의 거리를 고려하여 시행일을 달리할 수도 있다.

(2) 법의 폐지

법이 그 구속력을 잃는 것을 법의 폐지라고 하는데 여기에는 명시적 폐지와 묵시적 폐지의 두 가지가 있다.

① 명시적 폐지

명시적 폐지는 명문의 규정에 의하여 법이 폐지되는 것으로 첫째,

법령에 미리 그 시행기간을 정하였을 때에는 그 기간의 만료로 법은 당연히 폐지된다. 이러한 법을 한시법이라고 한다. 둘째, 신법에서 명문의 규정으로 구법의 일부 또는 전부를 폐지하는 경우이다. 이러한 경우에는 신법은 구법을 대신하여 효력을 가지며, 구법의 일부만 폐지된 경우에는 폐지되지 아니한 부분은 신법과 병존하여 효력을 갖는다.

② 묵시적 폐지

명문에 의한 폐지가 아닌 것으로 다음과 같은 경우가 있다. 첫째로 신법과 구법이 서로 저촉되는 경우이다. 즉 동일사항에 관하여 신법과 구법이 모순되고 저촉할 때에는 그 저촉의 한도에서 구법은 묵시적으로 당연히 폐지된 것으로 된다. 국가의사는 통일적인 것이어야 하기 때문이다. 여기서는 "신법은 구법을 폐기한다"라는 원칙이 지배한다. 그러나 일반법의 변경에 의하여 기존의 특별법은 영향을 받지 않는 것이므로 신법이라 하더라도 일반적인 신법은 특별법인 구법을 개폐하지는 못한다. 이 원칙을 "일반적 신법은 특별적 구법을 개폐하지 못한다"고 한다. 둘째로 법의 목적사항의 소멸로 말미암아 폐지되는 경우이다. 이 경우에는 법이 규율할 사항이 완전히 소멸되어 버렸으므로 자연히 법도 폐지되는 것이다.

(3) 법률불소급의 원칙

① 의의

법의 시간적 효력 가운데 중요한 원칙은 법률불소급의 원칙이다. 법률불소급의 원칙이란 법은 그 시행기간 중에 발생한 사항에 대하여서만 적용되고 그 시행 이전에 발생한 사항에 대하여서는 적용되지 않는다는 원칙을 말한다.

만일 법률에 소급효를 인정하게 된다면 구법시대에는 적법하였던 행위가 전혀 예상하지 않았던 신법에 의하여 부적법한 것으로 되는 경우가 있게 되어 법생활의 안정을 기대할 수 없다. 그러므로 이 원칙은 법생활의 안정성과 기득권존중의 요구로 인정되는 법해석적용상의 제한, 즉

'법적용상의 원칙'이지 "소급효 있는 법률은 제정조차 금한다"고 하는 '입법상의 원칙'은 아니다.

② 죄형법정주의

법률불소급의 원칙과 밀접한 관계가 있는 것은, 특히 형사에 관해서이다. 소급법제정의 금지는 형벌법규의 영역에 있어서만은 '입법상의 원칙'으로 확립되었다. 가령 행위 당시에는 범죄가 되지 아니한 행위가 사후에 제정된 형벌법규에 의하여 소급되어 범죄로써 처벌한다면 국민의 기본권은 침해되고 안정된 생활을 할 수 없게 될 것이다. 따라서 행위자에게 불이익을 주는 형벌법규의 소급은 엄격히 금지되어야 하며, 범죄와 형벌을 미리 법으로 정하여 둘 필요가 있다. 이것을 죄형법정주의라고 한다.

그리하여 일찍부터 "법률이 없으면 범죄도 없고 형벌도 없다"라는 법언이 지배하여 왔다. 우리 헌법도 제13조 제1항에서 "모든 국민은 행위시의 법률에 의하여 범죄를 구성하지 아니하는 행위로 소추되지 아니하며…"라고 규정하여 이 정신을 선언하였다. 또 형법 제1조 제1항에서 "범죄의 성립과 처벌은 행위시에 의한다"라고 규정하고 있는 것은 인권존중의 정신에서 이 원칙을 밝힌 것이다. 요컨대 죄형법정주의의 원칙은 인간의 생명과 자유 및 재산에 밀접한 관계를 가지는 법의 분야인 형법에 있어서는 더욱 중요한 의의를 가진다.

③ 소급효를 인정하는 경우

그러나 법률불소급의 원칙은 절대적인 것이 아니다. 사회적 또는 국가적으로 필요한 경우에는 특별한 규정에 의해 예외적으로 소급효를 인정하고 있다. 불소급은 행위자에게 불이익을 주는 소급을 금지할 것을 내용으로 하는 만큼 소급을 하는 것이 오히려 이익이 될 때에는 소급의 효과를 인정하는 것이 타당하다. 이를테면 상법시행법 제2조는, 상법은 특별한 정함이 있는 경우를 제외하고는 이 법 시행 전에 생긴 사항에도 적용한다고 하여 신법의 소급효를 일반적으로 인정하였으며, 민법 부칙 제2조도 동일한 취지의 규정이라 할 수 있다. 특히 형법 제1조 제2항은 "범죄

후 법률의 변경에 의하여 그 행위가 범죄를 구성하지 아니하거나 형이 구법보다 경한 때에는 신법에 의한다"고 하여 동조 제1항과는 반대로 규정하고 있다. 법률불소급의 원칙이 가장 엄격하게 요구되고 있는 형법에서도 피고인의 이익을 위해 소급효를 인정하고 있는 것이다.

이와 같이 입법자가 소급효를 인정하는 데에는 몇 가지 이유가 있다. ㉠ 법이 그 적용을 받는 자에 대하여 크게 불이익을 주지 않는 범위 내에서 법의 획일화를 꾀하기 위하여 일률적으로 신법을 적용하려고 하는 경우, ㉡ 도덕적 이상이나 국민경제의 요구 등의 고려에서 종래의 법이 불건전하고 부적합한 경우 그러한 법적 상태를 제거하여 합리화시키기 위한 경우, ㉢ 구법보다 신법이 더욱 유리한 경우 등을 들 수 있다.

④ 파생된 원칙

법률불소급의 원칙에서 파생되는 원칙으로서 기득권존중의 원칙과 사후법제정금지의 원칙이 있다.

첫째, 기득권 존중의 원칙이란 구법에 의하여 취득한 기득권은 신법의 시행으로써 변경하거나 소멸시킬 수 없다는 원칙이다. 원칙적으로 법률의 소급효를 인정하지 않는 데서 파생된 원칙이다. 그러나 이 원칙도 법률불소급의 원칙과 마찬가지로 절대적인 것은 아니다. 그렇다고 또 일단 부여한 권리를 함부로 제한하거나 소멸시키는 경우 국민생활을 불안하게 하고 사회생활의 법적 안정감을 해칠 염려가 있으므로 이를 침해하지 않도록 충분히 배려해야 한다. 이 기득권존중의 원칙은 역사적인 면에서도 사유재산제도의 확립에 크게 이바지한 이론이다.

둘째, 사후법제정 금지의 원칙이란 행위 당시에는 범죄로 되지 않는 행위에 대하여 사후에 형사책임을 지우는 입법을 금지한다는 것이다. 그 내용은 적법한 행위에 대하여 사후에 이를 처벌하는 소급입법을 하지 못한다는 것과 또한 그러한 방법으로 형을 가중하는 것도 금지된다는 의미이다. 이것은 죄형법정주의의 내용을 이룬다.

(4) 경과법

법령의 제정·개폐가 있었을 때 구법시행의 사항에는 구법을 적용하고 신법시행의 사항에 대하여는 신법을 적용하는 것이 원칙이다. 그러나 어떤 사항이 구법시대에 발생하여 신법시대까지 계속하여 진행하고 있는 경우에 그 사항에 구법을 적용할 것인가 그렇지 않고 신법을 적용할 것이냐 하는 문제가 발생한다. 이 문제를 해결하기 위하여 만든 법을 경과법이라고 한다. 이것은 대개 본법의 부칙에서 규정하는 것이 보통이나(민법 부칙 제5조), 상법시행법과 같이 별도로 규정하는 경우도 있다.

2. 법의 인적 효력

(1) 속지주의 우선의 원칙

법이 어떤 사람에게 적용되느냐 하는 것이 법의 인적 효력의 문제이다. 이에 대하여는 종래부터 대립되는 두 가지 원칙이 있는데, 속인주의와 속지주의가 그것이다.

속인주의란 그 나라의 국적을 가진 자는 국내에 있는 자는 물론이고, 외국에 있는 자에게도 본국법의 지배를 받는다는 주의로서 대인고권의 결과에서 오는 효력이다. 예부터 "로마인은 로마법에 지배되고 게르만인은 게르만법에 지배를 받는다"는 말은 어느 국가의 법령은 그 국가의 국민에게 적용됨을 의미한다.

이에 대하여 국가의 대인고권은 다른 나라의 영토고권과 서로 충돌하므로 타국에 있는 자는 자국민의 타국의 영토주권의 행사로 그 재류국의 법이 적용되고 본국법은 적용되기 어려운 점이 있다. 이러한 이유는 자국에 있어서도 마찬가지이다. 자국에 있는 타국민에게는 속인주의에서 벗어나게 되므로 자국의 영토고권을 적용하여 자국 내에 있는 타국민에게도 자국법을 적용하게 되는데, 이것을 속지주의라 한다.

속인주의가 사람에 대한 국가권익을 중시하는 데 대하여 속지주의는 장소에 대한 국가의 권익을 중시하게 된다. 이로 인하여 속인주의와 속지주의가 서로 충돌하게 될 때 어느 법을 먼저 적용하게 되느냐가 문제이다. 이에 대하여 국제사회에서는 원칙적으로 속지주의가 적용되고, 이로써 충분하지 못할 때 속인주의를 병용한다. 참정권, 병역의무 등은 자국법의 적용을 받고, 재산관계 등은 재류국의 법의 지배를 받는다.

(2) 예외

속지주의와 속인주의의 원칙에 대하여는 다음과 같은 예외가 있다.

① 외교특권을 갖는 자

외교특권이란 외국인이 재류하고 있는 국가의 국내법으로부터 면제되고 본국법에 따르는 것을 말한다. 국가의 원수, 외교사절과 그의 가족, 수행원, 외국군대 등은 외교특권을 갖는 자로서 이들은 재류국의 법에 적용을 받지 않고 그 본국법의 적용을 받는다.

외교특권은 재류국의 재판권, 경찰권 및 과세권으로부터 면제받는 것을 내용으로 하는데, 이러한 특별한 신분을 갖는 자들은 국가예의상 또는 직무수행의 편의상 재류국의 법에 따르지 않고 본국법에 따른다는 것이 국제법상으로 인정되어 있다.

② 대통령·국회의원의 특권

법의 인적 효력에 또 하나의 중요한 예외로서 생각해야 할 것이 있다. 국가정책상 특수한 신분을 가진 자에게 국법의 적용을 배제하는 경우가 있는데, 대통령과 국회의원의 특권이 이것이다. 헌법 제84조에 의하면 "대통령은 내란 또는 외환의 죄를 범한 경우를 제외하고는 재직중 형사상의 소추를 받지 아니한다"고 규정한 것과, 국회의원에게 회기중 불체포특권(헌법 제44조)과 국회의원의 직무상 발언·표결의 특권(헌법 제45조)이 인정되고 있다. 이것은 이들의 직무수행을 충실히 하기 위하여 정책상 인정된 특권이다.

③ 특별법에 의한 인적 효력의 제한

특별법과의 관계로 법이 모든 국민에게 평등하게 적용되지 아니하고 일정한 범위의 사람에게만 적용되는 경우가 있다. 이를테면 국가공무원법은 공무원에게만, 미성년자보호법은 미성년자나 그 관계자에게만, 노동법은 노동자에게만 적용되는 것이 그 예이다.

3. 법의 장소적 효력

(1) 원칙

장소에 관한 효력의 문제는 법이 어떠한 지역적 범위에서 적용되는 가 하는 문제이다. 특정한 국가의 법은 영륙·영해·영공을 포함하는 그 국가의 전 영토에 걸쳐서 적용된다. 이러한 영역 안에서는 내국인, 외국인을 묻지 않고 모든 사람에게 일률적으로 적용되는 것이 원칙이다. 결국 법의 장소적 효력은 자국의 영역 안에서만 미치고, 그 영역 밖에는 미치지 않는다는 것이 원칙이다.

(2) 예외

그러나 이 원칙에도 약간의 예외가 인정되어 있다. 즉, 외교특권을 갖는 자에게는 타국에 있는 경우라도 자국법이 적용되고, 또 반대로 타국에 있는 일반자국민이라 하더라도 참정권, 청원권, 병역의무 등이나 능력, 친족, 상속 등에 관하여는 자국법이 적용된다는 것은 이미 말한 바와 같다. 그리고 타국의 영토 내에 있는 자국의 군함·공선이나 또는 타국의 영공 안에 있는 자국의 군용·공용의 항공기 안에서도 자국법이 적용된다.

제8장 법의 적용과 해석

제1절 서론

　법의 해석이란 법규범의 의미내용을 확정하는 것을 말한다. 그것은 단지 법의 문장을 언어적으로 해명하는 것만이 아니라 법에 의하여 규정된 사실이나 규정의 결과를 생각하면서 법규범의 의미를 확정하는 것이다. 그런데 사회적 규범으로서의 법은 우리의 생활을 규율하고 구속하고 있다. 그러나 그 법의 규범적 내용은 우리의 생활 속에서 구체적으로 특히 법적 분쟁이나 사건이 발생한 때 현실화 된다. 예를 들어 A와 B가 공받기를 하고 있을 때 A가 던진 공이 가까이에 있던 아이의 머리에 맞아 그 아이가 사망한 경우 A는 그 아이를 살해한 것으로 되는가? 그것은 A가 공을 던졌다는 사실행위가 형법 제250조에 규정된 살인의 죄에 해당하는가의 여부가 전제로서 해결되어야 하는 것이다. 이를 테면 형법 제250조에 규정된 범죄성립조건으로서의 구성요건해당성, 위법성, 책임성에 위에서 말한 A의 사실행위가 합치되는가? 만약 합치된다면 A는 살인죄로 처벌되어야 한다는 법률상의 효과로 규율되며 구속된다.

　이와 같이 법의 내용이 현실화한다는 것을 특정한 분쟁이나 사건에 대응해보면, 일정한 법률을 적용하고 해석·처리하는 것이 된다. 그리고 이러한 해결이나 처리는 위의 사례에서와 같이 법의 적용에 의해, 즉 법의 규범적 내용을 구체적 사실에 합치시켜 실현하는 것이 된다. 그리고 이러한 법의 적용은 우선 구체적으로 발생한 사실이 어떠한 사실인가를 객관적으로 인정하고 어떠한 법적 근거에 기초하여 어떠한 결론을 이끌어 낼 것인가를 확정하는 것, 즉 근거가 되고 적용해야 할 법규를 검토하며 그 의미내용을 명확히 하는 작업에 의해 이루어지며 결론이 확정되는 것이다. 이와 같이 확정해 가는 작업이 법의 해석이다.

제2절 법의 적용

1. 의의

법의 적용이란 일반적으로 추상적이고 관념적인 법의 내용을 구체적이고 현실적인 사실에 대하여 실현하는 것이다. 이런 의미에서는 국회의원이 헌법이나 국회법의 규정에 의거하여 구체적인 법률을 제정하는 입법활동도 법의 적용이며, 또 세무서의 직원이 각종의 세법에 의거하여 세금을 징수한다든가, 경찰관이 도로교통법에 의거하여 행정처분을 하는 것도 법의 적용이라 보아도 무방하다.

그러나 법의 적용이라는 용어가 우리들에게 가장 친근감을 주면서 사용되는 경우는 재판의 경우이며, 후술하는 법의 해석의 문제도 재판과 밀접한 관계가 있는 것이다. 여기에서는 법의 적용을 재판의 경우에 관련지어 설명한다.

2. 법의 적용에 있어서 3단논법

재판에서의 법의 적용은 흔히 3단논법을 사용하여 설명한다. 이를테면 ① 사람은 반드시 죽는다(대전제), ② 소크라테스는 사람이다(소전제), ③ 소크라테스는 반드시 죽는다(결론), 이러한 3단논법을 재판에 적용하여 보면 다음과 같다. ① 사람을 살해한 자는 사형, 무기 또는 5년 이상의 징역에 처한다(대전제). ② A는 사람을 살해했다(소전제). ③ A는 사형, 무기 또는 5년 이상의 징역에 처할 수 있다(결론)는 것과 같이 법규(위의 경우는 형법 제250조)를 대전제로 하고, 사건을 소전제로 하여 그로부터 얻어낸 결론이 판결이 된다. 단, 위의 경우는 사형에서 5년 이상의 징역의 범위 안에서 형의 양정을 통하여 구체적인 형벌을 결정할 것이다.

그런데 법의 적용을 위해서는 먼저 법이 적용될 사실의 존부 및 그 내용이 확정되어야 하며(사실심), 그 다음에 사실에 해당하는 법규를 찾아내고 그것을 해석하게 된다(법률심).

3. 사실의 확정

(1) 입증

법규를 적용하기 위해서는 먼저 소전제가 되는 사실을 확정하여야 하는데, 사실 문제에 대한 일체의 사실은 증거를 기초로 하여 결정되어야 한다(형사소송법 제307조, 민사소송법 제187조). 재판에 있어서 사실의 존부가 불분명한 경우에 법원의 불리한 법률적 판단을 받을 당사자의 위험이나 불이익을 입증책임 혹은 거증책임이라고 하며, 증거에 대한 거증은 원칙적으로 이를 주장하는 측에 있다. 이것은 소송법상의 공평에 대한 요구, 경험상의 개연성, 권리의 실질적 목적 등을 고려하여 확립된 원칙이다. 그런데 특별규정에 의하여 입증책임이 상대방에게 지워지는 경우를 입증책임의 전환이라고 한다. 그리고 사실을 주장하는 데 필요한 증거는 첫째로 증거로 채택될 수 있는 자격, 즉 증거능력이 있어야 하고, 둘째로 증거의 실질적 가치, 즉 증명력이 있어야 한다.

그런데 때에 따라서는 입증이 불가능하거나 매우 곤란한 경우 법은 공익적 견지에서 사실 문제의 확정을 용이하게 하기 위하여 다음과 같은 편의규정을 두고 있다.

(2) 사실의 추정

추정이란 확정되지 못한 사실을 우선 사실대로 확정하여 법률효과를 발생시키는 것을 말한다. 법은 법률관계 또는 사실이 명확하지 아니한 경우에 있어서 일반적으로 존재한다고 생각되는 상태를 표준으로 하여, 그에 따라서 일단 법률관계 또는 사실에 대하여 판단을 내려서 법률효과를 발생시키고 당사자 간의 분쟁을 회피시키고 있는데, 이렇게 하여 이루어진 판단을 사실의 추정이라고 한다. 이를 테면 "2인 이상이 동일한 위난으로 사망한 경우에는 동시에 사망한 것으로 추정한다(민법 제30조)"고 한 것은 입증의 곤란을 피하기 위한 추정규정이라고 할 수 있다.

그러나 이것은 편의상의 취급이기 때문에 반증을 들어서 이를 전복시킬 수 있다는 점에서 다음에 설명하는 의제와 다르다. 위에서 든 예에서 그중 1인이 먼저 사망했다는 사실이 어떤 사유로 인해 발견이 되면, 잠정적인 동시사망이라는 법률효과는 소멸되고 새로 나타는 반증에 따라 법률효과가 발생한다.

(3) 사실의 의제

의제란 성질이 다른 사실에 대하여 일정한 법률적 취급을 하는 데 있어서 동일한 것을 보고 동일한 법률효과를 부여하는 것으로, 간주라고도 한다. 즉 사실의 진부와는 무관하게 법이 의제하는 사실을 기초로 하여 그것에 법을 적용하는 것이다. 이를테면 민법 제28조에서 "실종선고를 받은 자는 실종기간이 만료한 때에 사망한 것으로 본다"고 규정하고 있는데, 이것은 실종자의 법률관계를 정리하여 기타의 이유로 법률정책상 두어진 규정이다. 그 용어는 " …간주한다" 또는 "…로 본다"라고 표현되는 것이 일반적이다. 간주의 경우는 추정과는 달리 반증에 의해 바로 그 법률효과가 소멸되는 것이 아니고, 취소를 위한 법적 절차(위의 예에 따르면 실종선고취소, 동법 제29조)를 밟아야 하므로 사실의 확정력이 훨씬 강력하다고 볼 수 있다.

제3절 법의 해석

1. 해석의 의의

법은 대개 일반적이면서 추상적으로 규정되어 있으므로, 구체적인 사실에 법을 적용하기 위하여서는 이에 대한 해석이 요구된다. 법의 해석이라고 할 때 그 뜻은 법의 의미내용을 밝혀 내는 것을 말한다. 바꾸어 말하면 법의 구체적 적용을 위하여 법의 의미를 체계적으로 이해하고 법의 목적에 따라서 규범의 의미를 명확히 하는 논리적·기술적 조작을 이르는 것이다.

법의 해석은 판례법이나 관습법에 있어서도 필요하지만 특히 법의 해석이 문제되는 것은 성문법의 경우이다. 성문법은 본래 추상적이고 관념적인 규정으로 정하여져 있다. 또한 복잡하고 다양한 인간의 생활에서 발생하는 모든 구체적 사실에 적용할 법을 빠짐없이 제정한다는 것은 불가능한 일이다. 아무리 정밀한 법이라 하여도 사회사정의 변화에 따라 새로운 사실이 발생하게 되며, 이렇게 될 때 법 또한 이에 알맞도록 해석하여야 할 것이다. 따라서 구체적 사실에 법을 적용하기 위하여 법해석이 필요하다.

그러므로 법의 해석에 의하여 규명되어야 할 법규의 의미내용은 입법자의 의사에만 한정될 것도 아니며, 법규의 문리적 의미나 논리적 의미에만 한정되어서도 안 된다. 물론 해석의 대상인 법이 문자로 표현된 입법자의 의사인 이상, 그 대상에 대한 인식에는 입법자의 의사, 문리해석, 논리해석, 체계해석 등의 검토가 전단계에서 행하여져야 하지만, 그것은 가능한 법의 객관적 의미를 규명하는 데 필요한 준비단계로서 해석의 자료 내지 조건이 되는 것이다. 법의 해석은 법에 내재되어 있는 이념과 정신을 객관화시키는 데 있다. 또 법의 해석은 단순한 형식론적 방법을 넘어서 목적론적으로 이루어질 것이 필요하다. 따라서 해석은 각 법규에 내재하고 있는 객관적 목적과 그 시대가 안고 있는 사회적 상황 등을 고려하면서 목적적·가치관계적으로 이루어져야 하는 것이다.

2. 해석의 종류

법의 의미내용을 명확히 하는 법해석의 방법도 여러 가지가 있으나, 종래의 전통적 방법을 중심으로 하여 보면 다음과 같다. 첫째 해석이 구속력을 가지느냐의 여부에 따라 유권해석과 학리해석으로 나누어진다. 또 해석의 방법에 따라서 학리해석은 다시 문리해석과 논리해석으로 나누어지며, 이 밖에 논리해석에는 확장해석, 축소해석, 반대해석, 물론해석, 보정해석, 연혁해석, 목적해석 등의 방법이 있다.

(1) 유권해석

유권해석이라 함은 국가의 권위 있는 기관에 의하여 법규범의 의미가 확정되고 설명되는 경우를 말한다. 구속력이 있는 해석이며, 공권적 해석이라고도 한다. 유권해석은 다시 입법적 해석, 사법적 해석, 행정해석의 세 가지로 나누어진다.

① 입법해석

입법해석이 법률을 제정하는 권한에 의거하여 법률로 법률의 의미를 해석하는 것을 말한다. 이를테면 민법 제98조에 "본법에서 물건이라 함은 유체물 및 전기 기타 관리할 수 있는 자연력을 말한다"라고 한 것이 그 예인데, 이것은 동일 법령 중에 그 해석규정을 두는 경우이다. 또 어느 경우에는 부속법규 같은 다른 법령에서 해석규정을 두는 예도 있다. 또는 법문 가운데서 실례를 들어 해석의 표준을 두고 있는 경우도 있다(민법 제32조 참조). 이러한 입법해석은 해석이 표준이 되는 것이 독립된 법규이므로 법규해석이라고도 하는데, 강제력이 있으며 절대적 권위를 갖는다. 그런데 이러한 입법해석, 즉 법규해석규정도 그 자체가 법이므로 해석을 요한다는 데 주의할 필요가 있다. 가령 민법 제18조에서 "생활의 근거가 되는 곳을 주소로 한다"고 규정하고 있는데, 이것도 역시 하나의 규정으로 해석의 대상이 된다. 이에 대하여는 주소의 정의인 생활의 근거에 대해서 '정주의 의사'(이것은 주관주의, 의사주의)는 필요 없고 '정주의 사실'(이것은 객관주의, 실질주의)만으로 주소로 본다고 해석되는데, 어느 쪽을 택하느냐에 따라 학설과 판례가 형성된다.

② 사법해석

법원 특히 대법원이 하는 법의 해석이며, 판결의 형식으로 나타난다. 사법해석은 법적 구속력은 없으나 개별적인 구체적 사건에 대해 대법원의 판결은 원칙적으로 최종적인 구속력을 가지며 사실상의 구속력이 큰 것은 판례법에서와 같다. 사법해석은 법률상의 구속력이 없다는 이유로 유권해석에서 제외시키려는 견해도 있으나, 상급법원에서 내려진 법의 해석이 일정한 한도에서 하급법원을 구속하고 있는 것이 사실이므로 사법해석도 유권해석으로 보는 것이 옳을 것이다.

③ 행정해석

행정관청에 의하여 행하여지는 해석이다. 즉 ㉠ 행정관청이 법을 집행하는 데 있어서 법의 의미를 밝히는 경우, ㉡ 하급관청으로부터의 법해석의 질의에 대하여 상급관청이 회답·지령을 하는 경우, ㉢ 질의 없이 내리는 훈령 등을 통하여 법의 의미를 해석하는 것이다. 행정해석도 물론 절대적인 법규적 권위를 갖는 것은 아니지만 동일 계통의 상급관청의 회답이나 훈령·지령 등은 실제에 있어서 하급관청을 구속하게 되므로 일종의 유권해석이라고 할 수 있다.

(2) 학리해석

학리해석이라 함은 국가의 권위 있는 기관에 의한 법의 해석이 아니라 언어 문장 및 논리적 방법에 의하여 법규의 의미내용을 확정하는 것이다. 이를 학설상의 해석이라고도 한다. 학리해석은 시대의 권력에 의하여 좌우되지 않고 순수한 학문적 입장에서 하는 해석이므로 일반여론에 대한 설득력도 그만큼 강하며, 앞에서 말한 유권해석에 대하여도 영향력을 가지고 있다. 즉 학자의 법해석이 재판과 입법의 기초가 된다. 학리해석은 유권해석이란 말에 대응하여 무권해석이라고도 한다. 학리해석의 방법에는 제한이 없으나 해석자의 주관과 학설에 따라 동일한 법률의 해석에도 많은 차이가 생긴다. 종래의 법학은 이런 종류의 해석에 주력해 왔으며, 학리해석은 법학의 발전에 커다란 공헌을 하였다. 학리해석은 다시 문리해석과 논리해석으로 구분된다.

① 문리해석

문리해석은 법문을 구성하고 있는 용어·문장을 기초로 하여 그 문자가 가지는 의미에 따라서 법규 전체의 의미를 해석하는 것이다. 성문법주의를 취하는 나라에 있어서는 제일 먼저 문장으로 된 법규의 언어적 의미를 밝히는 것이 보통이지만, 지나치게 문구에만 구애되면 법규의 참뜻을 파악하지 못하는 경우가 있다. 그러므로 문리해석을 하는 데 있어서는 다음과 같은 점들이 고려되어야 한다. 첫째, 동일한 가운데 사용되고 있는 동일한 용어는 특별한 이유가 없는 한 동일한 의미로 해석하여야 하며, 둘째 법문의 자구는 사회의 일반적 통념에 의하여 평이하게 해석함을 원칙으로 하되 예외적으로 학문적·전문적인 특수한 용어(선의, 악의, 고의, 과실, 무효, 취소 등)는 특수한 의미를 부여할 것이고, 셋째로 법문의 용어는 현실의 사회적 수요에 부응하도록 현실적인 의미로서 해석하여야 한다. 그러나 조문의 문자에만 사로잡혀 법에 내재하는 목적이념을 살피지 않는다면 문리해석은 무의미한 것이 되고 말 것이다. 따라서 문리해석 외에 논리해석 등이 필요하게 된다.

② 논리해석

논리해석은 법문의 자구나 법규의 문법적 의미나 입법자의 심리적 의사에 구애받지 않고, 법질서 전체와 법전 전체의 체계를 유기적·논리적으로 관련시키고, 입법정신과 연혁, 입법목적, 법규적용의 효과 등을 고려하여 논리적으로 법규의 의미를 확정하는 것이다. 이러한 논리해석에는 당연히 법리해석도 포함되나, 논리해석은 그것에 그치지 않고 그러한 문리해석을 기초로 하면서도 다시 그것을 넘어서서 전개되는 것이다. 논리해석에는 다음의 여러 가지 방법이 있다.

㉠ 확장해석

이는 법령의 용어의 의미가 좁기 때문에 이를 그대로 해석하면 그 법령의 진의가 실현될 수 없다고 생각될 경우에는 법문의 자구를 본래의 의미보다 확장시켜 해석하는 것을 말한다. 형법 제366조의 재물손괴죄에서 보통 손괴란 물건의 물리적 형태를 파괴하는 것을 의미하나, 법원에서는 이것을 확장해석하여 영업상 손님의 음식용에 제공하는 식기에 방뇨한 것을 식기의 손괴에 해당한다고 한 것이 그 예이다. 확장해석은 문자의 언어적 표현과 법조문의 의미가 일치되지 않는다는 점에서 문리해석의 한 방법인 축자해석과 구별된다.

㉡ 축소해석

위에서 말한 확장해석과는 달리 법령의 용어가 가지는 뜻이 너무 넓기 때문에 그대로 해석하면 법령의 의미와는 달라진다고 생각되는 경우에는 그 문구의 의미를 축소시켜 해석하는 것이다. 가령 '제차통행금지'라는 푯말이 붙어 있는 경우에 자전차도 통행이 금지되어야 하지만 그 법의 취지로 보아 자전차는 통행해도 무방하다는 식으로 해석하는 경우이다. 이러한 경우를 제한해석이라고도 한다.

㉢ 반대해석

이것은 일정한 법명제로부터 반대되는 명제를 이끌어 내는 해석이다. 즉 법조문에서 일정한 사실에서는 일정한 효과가 생긴다고 규정하였을 때 법령에 명시된 규정 이외의 경우에는 그와 반대로 된다고 해석하는 경우이다. 가령 '차마운행금지'라는 푯말이 붙어있는 경우에 그 문면에는 차마만 나와 있으므로 사람은 통행하여도 무방하다고 해석하거나, 민법 제303조에 "전세권자는 전세금을 지급하고 타인의 부동산을 점유하여 그 부동산의 용도에 좇아 사용·수익할 권리가 있다"고 할 때 전세권의 목적물은 부동산에 한하며 동산에 대하여는 인정하지 않는다고 해석하는 것과 같다.

㉣ 물론해석

법령에 일정한 사항을 규정한 입법취지로 보아 그와 마찬가지의 경우에는 여기에 포함시키는 것이 당연하고 또 물론이라고 해석하는 방법이다. 수리 중인 다리에 '마차(馬車)통행금지'라는 푯말이 붙어 있는 경우에 불도저는 마차보다 중량이 더 무거우므로 불도저의 통행도 물론 금지한다는 뜻으로 해석하는 경우이다.

㉤ 보정해석

이것은 법문의 자구가 잘못되었거나 표현이 부적당하다고 인정되는 경우에 그 자구를 보정하거나 변경하여 법의 목적에 맞도록 해석하는 경우이다. 변경해석 또는 보충해석이라고도 한다. 예를 들면 민법 제7조에 "법정대리인은 미성년자가 아직 법률행위를 하기 전에는 전2조의 동의와 승낙을 취소할 수 있다"고 하고 있는데, 본 규정은 동의나 승낙의 장래에 대한 효과를 소멸시키는 데 그 의의가 있으므로 소급효를 가진 취소가 아니라 장래에 대한 추급효만을 갖는 철회라고 변경해서 해석해야 한다. 그런데 사회적 수요에 반하는 경우와 같이 일정한 범위에 국한하여 엄격히 분석되지 않으면 법적 안정성을 해할 우려가 있으므로 해석상의 신중이 요구된다.

㉥ 연혁해석

법의 해석에 있어서 법성립의 연혁, 특히 법의 성립과정에 있어서 표시되어진 여러 가지 의견, 예컨대 이유서, 의견서, 심의서 등을 참조하고 정부위원의 설명 등을 자료로 해서 법규의 의미를 해석하는 방법이다.

㉯ 목적해석

예링은 "법 목적에 의하여 창조된다"고 하였다. 법은 각기 그 제정목적이 있으며, 이 입법목적을 고려하여 법조문의 합리적인 의미내용을 파악하려고 하는 해석을 말한다. 개별적인 법규의 목적뿐만 아니라 일반적인 법의 목적이 고려되지 않으면 안 되며, 법의 성립 당시의 목적뿐만 아니라 법의 적용시에 요청되는 목적도 고려되어야 한다. 논리해석이 막다른 골목에 부딪혔을 때 유용한 방법이지만 자칫 목적을 앞세워 본래의 의미를 왜곡할 위험도 있다.

◎ 유추해석

어떤 특정한 사항에 관하여 법에 규정이 있으나 이와 유사한 다른 사항에 존재하는 규정이 없는 경우, 양자의 공통적 요소를 발견하여 공통되는 법리가 타당하다고 생각될 때에 유사한 사항에 대하여 함께 법규를 적용할 수 있도록 해석하는 것을 유추해석이라고 한다. 즉 비슷한 갑, 을 두 개의 사실 중 갑에 관하여만 규정이 있는 경우에 을에 관하여도 가능한 한 갑에 근사한 결과를 인정하는 것이다. 예를 들면 민법 제326조에 "유치권의 행사는 채권의 소멸시효의 진행에 영향을 미치지 아니한다"라고 규정되어 있는데 질권에는 이와 같은 규정이 없다. 그러나 유치권에만 이를 인정하고 질권에는 이와 달리 취급할 이유가 없으므로 질권에다 이 규정을 끌어다 쓰는 경우에 이를 유추적용이라고 한다. 또한 "권리능력 없는 사단"에 대한 법률관계는 민법상 규정이 없으므로 사단법인에 관한 규정을 유추적용한다고 해석하고 있다. 학자들에 따라서는 유추를 법의 창조며 변경이라고 하여 법의 해석에 속하지 않는다고 하는 견해가 있으나, 유사 내지 동일한 사실에는 동일한 법이 적용된다는 이유로 보면 유추해석도 법의 해석의 일종임에는 틀림없다.

한편, 유추와 관련하여 주의할 것에 준용이라는 것이 있다.

준용이라 함은 입법기술상 규정의 중복을 피하고 법조문의 간결화를 위하여 법조문에 약간의 수정을 가하여 맞추어 쓰는 것을 말한다. 준용은 입법기술상의 요구로서 같은 규정을 반복하지 않아도 되므로 법규의 간결을 꾀할 수 있다는 장점이 있으나 법규를 다시 찾아봐야 하는 번거로움이 있다.

그리고 준용은 적용과 다르다. 준용은 준용될 법규에 필요한 변경을 가하여 쓰는 것인 데 대하여, 적용은 법조문 그대로를 빠짐없이 적용한다는 데 차이가 있다.

한편 형법에서는 유추를 허용하지 않는다는 것이 해석상의 원칙이다. 형법에서는 죄형법정주의가 채용되고 있으므로 피고인의 이익을 해치지 않기 위하여 함부로 유추를 허용할 수 없는 것이다.

형법의 해석은 오로지 문언에 좇아서 엄격히 해석할 것으로 제한하고 '해석상 불명한 때에는 피고인에게 유리하도록'(In dubio pro reo) 해석할 것을 요구한다. 그러나 형법에 있어서도 형법의 목적에 비추어 논리가 허용하는 범위 안에서 합리적으로 행하는 한 유추해석을 하더라도 죄형법정주의에 반하지 아니 한다고 본다. 더욱이 이러한 유추해석은 범죄에 대한 사회방위상 필요할 뿐만 아니라 피고인의 이익을 부당하게 침해하는 것으로도 되지 않는다.

제9장 권리와 의무

제1절 서론

1. 법률관계

인간의 사회생활은 여러 가지 이해관계로 얽혀 있다. 그러한 복잡한 인간의 생활관계가 법에 의하여 규율되는 정도는 생활관계의 종류에 따라서 다르게 나타난다. 인간의 생활관계의 대부분은 법 이외에 관습, 도덕, 예의, 종교, 정치 등의 규범에 의하여 규율되어 있다. 예컨대 친구와 공원에서 만나기로 한 약속이라든가 우정의 유지를 위한 행동, 사제 간의 정분 등은 법이 지배하는 영역의 밖에 있는 것이다. 이와 같이 법적으로는 아무런 관계가 없는 생활관계를 사실관계라고 한다.

이에 대하여 법이 규율하는 인간의 생활관계를 법률관계라고 한다. 예를 들면 물건을 사고 파는 매매행위는 인간의 경제생활이라고 할 수 있지만, 이것을 법적인 측면에서 보면 물건을 판 사람은 매도인으로서 그 대금을 청구할 수 있고 물건을 산 사람은 매수인으로서 그 물건을 인도받을 수 있는 권리가 있다. 반대로 보면 매도인은 물건의 인도의무를 부담하며 매수인은 대금지급의무를 부담한다고 할 수 있는데, 이것을 법률관계, 즉 권리와 의무의 관계라고 할 수 있는 것이다. 이와 같이 '인류의 사회생활관계 중에서 법의 규율을 받는 것'이 법률관계인데, 법률관계의 중심 부분은 '권리 및 의무'의 내용, 즉 어느 자에게 법률상 적극적으로 부여되는 일종의 힘 및 어느 자에게 소극적으로 부담되는 구속에 있는 것이다. 결국 권리·의무는 법률관계의 중심과제라고 할 수 있다.

그런데 법률관계와 구별할 개념으로 법률제도가 있다. 법률제도란 법질서 중에 존재하는 다수의 동일한 종류의 법률관계로부터 공통점을 찾아 내어 이들에게 공통적으로 적용될 수 있는 다수의 규정을 설정하고 이를 일정한 순서에 따라 배열한 것을 말한다. 가령 매매, 어음, 보험 등이 법률제도에 해당한다. 그러나 법률제도는 단순히 추상적인 법률관계만이 아니라 무능력, 대리, 시효와 같은 하나의 목적에 관계된 일단의 법규정을 가리키는 용어로도 사용된다. 그러므로 법은 일정한 원인이 있을 때에 일정한 권리·의무의 변동을 인정한 것이다. 이 일정한 원인을 '법률요건'이라고 부른다. 또 법률요건을 구성하는 개개의 사실을 '법률사실'이라고 부른다. 예컨대 매매계약의 결과로 소유권에 득실이 있을 때에 원인이 되는 매매계약은 법률요건이 되고, 그 결과인 소유권의 득실은 법률효과이며 매매계약을 구성하는 청약과 승낙은 법률사실이다.

2. 권리중심의 법률관계

인류의 생활관계 중에서 어떤 사항이 법률관계로서 법생활권에 들어가는가 않는가의 한계문제는 상대적인 것이며, 각 시대에 있어서의 사회상태, 문화발달의 정도 등 사회발전의 과정에 따라 법률관계의 내용은 권리를 보호하는 데 역점을 두기도 하고 의무를 부과하는 데 역점을 두기도 하였다. 즉 봉건시대에서의 법의 규율을 받는 생활관계는 영주에 대한 가신의 의무를 중심으로 하는 '의무본위'였으나, 개인주의와 자유주의가 고조되는 근대에 이르러서는 개인의 자유와 평등을 이상으로 하여 기본적 인권의 보장이라는 국가의 목표에 따라 '권리본위'로 법률관계는 구성되었다. 그 후 20세기에 들어와 복리국가의 이념이 나타나고 사회본위·공동생활본위의 이른바 권리의무융합본위제도라는 새로운 경향이 나타나게 되었다. 따라서 공공복리를 위해서는 권리자도 권리의 행사에 의무를 수반하게 되었다. 노동법이나 경제법 등의 사회법은 개인본위의 성격을 탈피하고 사회본위의 입장에 선 것이며, 여기에 권리와 의무가 융합하는 현상이 나타나고 있는 것이다. 종래 법률관계라고 하면 권리본위로 인식되어 '권리능력', '권리주체' 등과 같이 표현되고 있으나 그 내용은 권리의무능력, 권리·의무의 주체라고 이해하여야 하며 이에 따른 법률효과는 권리의무의 변동, 즉 권리·의무의 발생·변경·소멸이라는 형태로 나타나게 된다.

제2절 권리

1. 권리의 본질

본래 권리의 관념은 법학에 대한 관념과 그 발달을 같이하고 있는데, 고대로부터 법학의 관념은 정의를 중심으로 하여 발달하고 각 개인이 정의를 존중한 결과 의무라는 관념은 있었으나 권리라는 관념은 희미하였다. 그런데 독일의 라이프니츠가 "법학은 권리의 학문"이라고 하고, 또 예링이 그의 저서 『권리투쟁론』에서 권리의 존중을 주장한 이래로 법학은 정의 중심에서 권리 중심으로 발달되고 권리사상은 현저하게 진보되었다.

한편 17, 18세기의 자연법론자들은 권리를 인간의 천부적인 것, 즉 자연권이라고 하여 국가 이전의 것으로서 국가권력으로도 이를 침해할 수 없다고 하였다. 1789년의 프랑스 인권선언도 제1조에서 "인간은 출생 및 생존에 있어서 자유 및 평등의 권리를 가진다"고 하였으며, 우리 헌법도 제10조에서 기본권의 자연법적 성격을 분명히 하여 권리를 법이나 국가 이전의 자연법적 존재로 보고 있다. 이와는 달리 법학의 연구대상을 실정법에 한정하고 그것을 형식논리적으로 파악하려고 했던 법실증주의의 입장에서는 "국가 이전 또는 법 이전의 권리는 존재하지 않는다. 국가에서 제정된 실정법에 의하여 인정될 때 비로소 권리가 존재하며 주장할 수 있다"고 하여 권리의 자연법적 성격은 물론 자연법의 존재까지 부정하였다.

그런데 권리 그 자체가 무엇인가에 대하여는 일찍부터 학자들에 의하여 논의의 대상이 되어 왔으며, 아직도 학자의 견해나 그 시대의 법률관에 따라 의견의 일치를 보지 못하고 있다. 이에 대한 학설로서는 의사설, 이익설, 절충설, 법력설 등의 중요한 권리학설이 제기되고 있다.

(1) 의사설

의사설은 의사를 권리의 본질이라고 보는 학설이며, 권리는 법에 의하여 주어진 '의사의 힘' 또는 '의사의 지배'라고 주장한다. 이 설은 칸트나 헤겔 등이 '의사의 자유'가 권리의 본질이라고 생각한 데에서 기원하여 사비니나 빈트샤이트 등의 역사학파에 의하여 지지를 받았다. 이 설에 따르면 법률상 권리를 가지는 자는 의사능력자에 국한되어 태아나 유아·정신병자 등은 권리를 가질 수 없게 되어 평등의 원칙에 어긋날 뿐만 아니라 실정법상으로도 태아의 권리능력에 대한 예외적 규정을 설명할 수 없다. 이 설은 권리의 행사라는 동적인 측면에 착안하여 권리의 향수라는 정적인 측면을 간과했다는 비판이 있다.

(2) 이익설

이익설은 의사설의 결함을 보충하여 나타난 것으로, 권리의 본질을 '법에 의하여 보호되는 이익', 혹은 '법률에 의하여 개인에게 귀속하는 생활재화'라고 한다. 예링과 데른부르크 등이 이익법학과 목적법학의 이론에 입각하여 주장한 것이다. 이 설에 의하면 권리주체와 의사주체는 반드시 같을 필요는 없으므로 의사능력을 가지지 않는 유아나 정신병자도 권리주체가 될 수 있다고 하여 의사설의 결점을 보충하였다. 그러나 이 설에 의하면 권리주체와 수익주체는 언제나 같지 않으면 안 되어, 친권처럼 권리자에게 아무런 이익을 주지 않는 권리는 권리가 아닌 것으로 되고, 어떠한 법규가 권리를 부여하였기 때문에 받는 이익이 아니라 법규정의 '반사적 이익'도 사람에게 이익을 주는 이상 권리에 속한다는 결론에 이르게 된다. 이익이란 권리의 목적이며, 또는 권리 행사의 결과에 불과한 것이지 권리 그 자체는 아닌 것이다.

(3) 절충설

절충설은 위의 의사설과 이익설을 절충한 것으로 이익의사설이라고도 하는데, 권리의 본질은 '이익의 보호를 위하여 법이 인정하는 의사의 힘' 또는 '의사의 힘을 승인함으로써 보호되는 재화 또는 이익'이라고 한다. 이 설은 옐리네크, 베커가 주장한 것으로 의사설과 이익설의 결점을 그대로 지니고 있어 타당성이 없다.

(4) 법력설

법력설에 의하면 권리의 본질은 '법이 일정한 이익의 향수를 위하여 사람에게 부여된 법률상의 힘'이라고 본다. 메르켈 등의 많은 학자가 주장하여 오는 학설로 오늘날의 지배적인 견해이다. 이 설은 의사설이나 이익설을 종합발전시킨 것으로 타당성의 근거를 다음과 같이 든다. 첫째, 의사능력이 없는 자나 권리의 존재를 알지 못하는 자도 권리의 주체가 될 수 있다는 점에서 의사설의 결점을 보충했고 둘째, 이익을 바로 권리로 보지 않고 이익을 향수하는 수단이 권리라고 주장함으로써 이익설이 가지는 결함도 구제해 주고 있다. 다만 이 설도 권리를 법 이전의 자연권이라고 보는 경우에는 자연권의 근거가 법의 힘에 있다고 할 수 없으므로 자연권의 권리성에 대하여는 근거를 제시하지 못한다.

2. 권리의 개념

(1) 권리의 의의

위에서 권리의 본질에 관한 여러 학설을 소개하였다. 그중에서 통설인 법력설에 의하면 권리란 특정의 생활이익을 향수하게 하기 위하여 특정인에게 법에 의하여 부여된 법률상의 힘이라고 한다. 이와 같은 통설의 입장에서 권리의 개념을 나누어 설명하여 보기로 한다.

① 권리는 법이 부여한다

권리는 법에 의하여 부여된 것으로, 권리가 먼저 존재하고 그 권리를 보호하기 위하여 법이 존재하는 것이 아니고, 법이 먼저 있어서 그 법에 의하여 권리가 부여되는 것이다. 그러므로 법에 규정이 없는 권리는 존재할 수 없다. 이와 같이 권리는 법과 분리할 수 없는 관계를 가지며 소위 자연법상의 권리인 '천부의 권리'는 여기서 말하는 권리와 구별되어야 한다.

② 권리는 특정의 법적 인격자에게 부여한다

특정의 법적 인격자란 '人'을 말하는 것으로서 자연인과 법인이 여기에 포함되나 반드시 이익을 향수할 자격이 있는 특정인, 즉 권리능력자만이 가질 수 있다. 이 특정의 권리를 가질 수 있는 자를 권리의 주체라고 한다. 주체 없는 권리란 있을 수 없다.

③ 권리는 특정의 이익의 향수를 위한 것이다

모든 법적 인격자는 특정의 이익의 향수를 목적으로 활동하고 있다. 여기에서 이익이라 함은 재산적 이익만을 말하는 것이 아니라, 사회생활을 하는 데 있어서 가지는 이익으로서 생명, 신체, 자유, 명예 등을 포함한다. 법은 법적 인격자에게 생활이익을 향수하게 하기 위하여 일정한 조건 아래에서 일정한 권리를 부여함으로써 법적 인격자가 법의 보호 하에 그 생활이익을 향수할 수 있도록 한다. 이와 같이 법에 의하여 보호받는 생활이익을 법익이라고 부른다. 그리고 권리의 내용인 생활이익도 특정되어야 한다.

④ 권리는 법률상의 힘이다

권리는 이익을 전제로 한다. 특정의 이익에 관하여 권리를 가지는 자는 특정 또는 불특정인에 대하여 작위 또는 부작위를 청구하는 힘을 법에 의하여 부여받고 있다. 여기에 힘이라고 하는 것은 완력, 폭행과 같은 사실상의 힘과는 구별되는 법률상의 힘으로 법적 절차에 의하여 소기의 목적을 달성할 수 있는 법적 능력 내지 자격을 말한다.

3. 권리의 분류

(1) 서론

권리는 법에 의하여 주어진 힘이고 법에 근거하여서만 존재할 수 있는 것이다. 그러므로 법을 공법·사법·사회법으로 분류하는 데 대응하여 권리도 공권·사권·사회권으로 나누어진다. 공권은 공법관계에 있어서 당사자 일방이 가지는 권리로 공적·정치적·국가적 생활에 있어서의 이익을 목적으로 하는 권리인데, 국가공권과 국민공권(개인적 공권)이 있다. 사권은 사법관계에 있어서 사적, 시민적, 사회적 생활에서의 이익을 목적으로 하는 권리이며, 사회권은 공법·사법의 중간 영역인 사회법에서 인정되는 권리로서 국민이 인간다운 생활을 영위하는 데 필요한 조건의 형성을 국가에 대하여 요구할 수 있는 권리이다. 위와 같이 크게 세 가지로 분류된 권리는 결국은 모두 법이 보호하는 이익을 주장할 수 있는 법률상의 힘이라는 권리의 본질에 있어서는 차이가 없다.

(2) 공권

공권은 국내법상의 공권과 국제법상의 공권으로 나누어진다.

① 국내법상의 공권

국내법상의 공권은 다시 국가공권과 국민공권으로 나누어지는데, 국가공권은 국가나 기타 공공단체가 공법인으로서 그 자체의 존립을 위하여 가지는 권리와 국민에 대하여 가지는 권리의 양자를 포함한다. 국가공권은 다시 그 작용에 따라서 입법권, 사법권, 행정권으로 나누어지고 또한 그 목적에 따라서 조직권, 경찰권, 군정권, 형벌권, 재정권 등으로 나누어진다. 한편 국민공권은 국민이 국가나 기타 공공단체에 대하여 가지는 권리인데, 자유권, 수익권, 참정권 등이 포함된다. 이들은 국민의 기본적 인권을 중심으로 성립되므로 이 책 제2편에서 자세히 설명하도록 한다.

② 국제법상의 공권

국가는 대내적으로는 최고의 지배권을 갖는 통치단체인 동시에 대외적으로는 독립의 지위에서 국제법상의 권리와 의무의 주체가 된다. 국제사회에 있어서 각 국가는 조약 및 관습에 따라서 다수의 권리를 가지므로 각 국가의 국제법상의 공권은 국제관습법 및 국제조약에 의하여 국가가 국제법상의 주체로서 가지는 권리로서 독립권, 평등권, 자율권, 자존권, 교통권 등이 있다.

(3) 사권

사권은 사법관계에서 인정되는 권리로서 여러 가지 표준에 따라 분류할 수 있다.

① 내용에 의한 분류

사권을 그 내용을 표준으로 하여 분류하면 재산권, 인격권, 신분권, 사원권 등으로 나누어진다.

첫째, 재산권은 그 권리의 내용이 경제적 가치가 있고 금전으로 평가할 수 있는 권리를 말한다. 물권, 채권, 무체재산권 등이 이에 속하는 데, 물권은 직접 물건을 지배하여 사용, 수익, 처분을 함으로써 배타적으로 이익을 향수하는 권리이며, 소유권, 점유권, 지상권, 지역권, 전세권, 유치권, 질권, 저당권 등이 있다. 채권은 특정인에 대하여 특정의 행위를 이행하여 줄 것을 요구하는 권리이고, 무체재산권은 저작권, 특허권, 상표권 등과 같이 사람의 정신적 산출물을 지배하는 것을 내용으로 하는 권리이다.

둘째, 인격권은 권리자 자신의 인격적 이익을 위한 권리로서 생명권, 신체권, 성명권, 자유권, 정조권, 명예권 등이 이에 속한다.

셋째, 신분권은 권리자의 일정한 신분에 따르는 권리로서 친족권, 상속권 등이 이에 속한다. 친족권은 친권, 호주권, 후견권, 부양청구권 등과 같이 친족적 신분관계에 기초한 권리이며, 상속권은 사망 그 밖의 사유로 말미암아 사망자의 신분을 승계하거나 그 재산상의 지위를 포괄적으로 승계하는 권리이다.

넷째, 사원권은 사단법인을 구성하는 사원이 그 사원이라는 지위에 따라서 법인에 대하여 가지는 포괄적인 권리로서 주식회사에 있어서의 주주권 등이 그것이다. 사원권은 또 내용상 자익권과 공익권으로 나누어진다. 자익권은 사원이 법인으로부터 경제적 이익을 받는 것을 내용으로 하는 것으로 여기에 속하는 권리로는 영리법인에 있어서의 이익배당청구권, 비영리법인에 있어서의 사원의 시설이용권 등이 있다. 공익권은 법인 자체의 목적을 달성하기 위하여 사원에게 주어지고 법인의 운영에 참여하게 함을 내용으로 하는 것으로 여기에 속하는 권리로는 의결권, 소수사원권, 각종 감독권, 사무집행권 등이 있으며, 비영리법인에서 특히 중요한 의미를 가진다.

② 작용에 의한 분류

사권은 그 작용을 표준으로 하여 분류하면 지배권, 청구권, 형성권, 항변권 등으로 나누어진다. 첫째, 지배권은 권리의 객체를 직접 지배하는 권리이다. 이 권리의 특성은 타인의 침해를 배척할 수 있는 효력, 즉 배타성을 가지는 것이다. 물권, 무체재산권 및 친족권의 대부분이 이에 속한다. 둘째 청구권은 타인의 작위나 부작위 등 행위를 요구하는 권리로서 채권은 모두 청구권이다. 그 밖의 물권, 무체재산권, 친족권, 상속권 등의 일부도 이에 속한다. 셋째, 형성권은 권리자의 일방적 의사표시에 의하여 일정한 법률관계를 발생시키는 권리로서 취소권, 동의권, 해지권, 추인권, 인지권 등이 이에 속한다. 항변권은 상대방에게 청구권이 있음을 부인하는 것이 아니고, 도리어 그것을 전제로 하고 그 행사를 배척하는 것이다. 항변권의 성질은 형성권과 비슷하나 항상 상대방의 공격에 대한 방어를 사명으로 하여 수동적인 입장에서 기능을 발휘한다는 점에서 특징이 있다.

③ 효력범위에 의한 분류

효력의 범위를 표준으로 할 때 사권은 절대권과 상대권으로 나누어진다. 절대권은 일반인에게 대항할 수 있는 절대적인 작용을 본질로 하는 권리를 말하며, 모든 사람에 대하여 주장할 수 있는 권리라는 의미에서 대세권이라고도 한다. 물권, 무체재산권, 인격권 등이 이에 속한다. 상대권은 특정인에 대해서만 주장할 수 있는 권리라는 의미에서 대인권이라고도 한다. 채권 기타의 청구권이 이에 속한다.

④ 이전성에 의한 분류

사권은 이전성을 표준으로 하여 일신전속권과 비전속권으로 나누어진다. 일신전속권은 권리자로부터 분리할 수 없는 것으로서 권리의 향유 또는 행사가 그 권리를 가지는 자의 일신에 전속하는 권리이다. 따라서 일신전속권은 양도나 상속이 불가능한 권리이다. 인격권, 신분권 등이 이에 속한다. 비전속권은 권리자로부터 분리할 수 있는 성질의 것으로서 재산권 등이 이에 속한다.

⑤ 독립성에 의한 분류

독립성을 표준으로 사권은 주된 권리와 종된 권리로 나누어진다. 주된 권리는 다른 권리에 대해 종속관계에 있지 않은 완전히 독립된 권리로서 채권, 원본채권 등이 여기에 속한다. 종된 권리는 주된 권리에 종속하여 존재하는 권리이다. 종된 권리는 주된 권리가 소멸하면 그와 동시에 소멸하나 주된 권리는 종된 권리가 소멸하여도 그 자체 독립한 권리이므로 소멸하지 않는다. 원본채권에 대한 이자채권, 채권에 대한 담보물권 등이 이에 속한다.

(4) 사회권

사회권은 사회법에 의하여 보장되는 권리로서 국가의 기능이 사회적·경제적인 영역에까지 확대되어 국민생활의 보장이 국가의 책임으로 된 결과 인정된 권리이다. 사회권이 유래된 것은 사회법에서와 같이 자본주의의 폐단이 격화되어 무산대중이 급속히 늘어남에 따라 국가가 적극적으로 사회정책을 도모하여 균형 있는 국민경제를 발전시킬 필요에서 생겼다. 즉, 국민의 인간다운 생활의 보장이 국가의 책임으로 된 결과로 나타난 반사적 권리이다. 따라서 이 권리는 국민에게 구체적 청구권이 부여되는 것은 아니지만 근로기본권과 같이 구체적인 것도 있다.

이 사회권에 속하는 것으로 교육을 받을 권리(헌법 제31조 제1항), 인간다운 생활을 할 권리(헌법 제34조 제1항), 깨끗한 환경에서 생활할 권리(헌법 제35조), 보건에 관하여 국가의 보호를 받을 권리(헌법 제36조), 근로의 권리(헌법 제32조 제1항), 근로자의 단결권, 단체교섭권, 단체행동권(헌법 제33조 제1항) 등이 있다.

4. 권리의 행사와 그 제한

(1) 권리행사의 의의

권리는 어디까지나 이익을 향수하기 위한 수단에 지나지 않으므로 그 목적이 되는 이익을 얻기 위해서는 권리를 행사함이 필요하다. 권리의 행사라 함은 권리자가 권리를 주장하여 법에서 보호하는 권리의 내용을 실현하는 행위를 말한다. 권리를 행사함에는 자신이 권리자임을 인식해야 하며, 그렇지 못한 자는 권리 위에서 잠자는 자로서 보호할 필요가 없는 것이다. 뿐만 아니라 제한되어 있는 사회생활상의 이익을 자기의 것으로 하기 위해서는 자신의 권리가 침해되지 않도록 늘 배려하여야 한다.

근대법 아래에서 권리의 행사는 권리자의 자유에 맡겨져 있는 것을 원칙으로 하고 있으며, 로마법 이래로 '자기의 권리를 행사하는 자는 누구에 대하여도 불법을 행사하는 것이 아니다'라는 권리행사의 절대성의 이론이 지배하여 권리행사는 적법이며 그로 인하여 타인에게 손해를 끼치는 일이 있다 하더라도 불법행위가 되지 않으며 따라서 손해를 배상할 필요가 없다고 하였다. 또 예링은 그의 저서 『권리를 위한 투쟁』에서 권리자는 자기의 권리를 위해 침해에 대한 과감한 투쟁을 해야 한다고 하면서 자기의 권리를 위해 싸운다는 것은 침해된 자기인격을 회복하기 위한 논리적 의무라고까지 하였다.

이러한 권리의 행사는 권리의 내용에 따라서 다른 형태로 나타나는데 물권과 같은 지배권에 있어서는 주로 객체의 지배라는 사실행위이고, 청구권과 형성권에 있어서는 의사표시에 의하며, 채권자취소권과 같이 재판에 의하는 경우도 있다.

(2) 권리행사의 제한

개인주의적인 권리본위의 바탕에 선 법률관계에 있어서 권리의 행사는 권리자의 자유라고 생각했던 것이 자연법사상에 의해 일반적인 것으로 받아들여져 왔으나, 오늘날에 와서는 개인주의적 법사상에 대한 반성의 결과 공공복리를 중시하는 사회본위사상으로 전환됨에 따라 권리행사의 자유는 공공복리에 반하지 않는 한도에서만 인정되고, 그 절대적 자유는 제한되게 되었다. 권리의 행사란 권리자 개인에게 국한되는 문제가 아니며 법자체가 사회규범의 하나이므로 권리자에 대응하는 의무자와 권리자와 경합되는 다른 권리자에게 미치는 영향을 전혀 고려하지 않을 수 없다. 사회공공생활을 향상 발전시키기 위하여는 권리행사에 있어서도 권리자 이외의 타인에 대한 배려, 즉 사회성을 가진 권리가 항상 전제되어야 한다.

권리행사의 제한은 주로 사권의 분야에서 문제가 된다. 사권의 행사는 포기에 있어서나 그 행사방법에 있어서나 원칙적으로 권리자의 자유이다. 그러나 모든 국민의 균등한 생활향상을 목표로 하고 있는 현대국가에 있어서는 경우에 따라서는 공공복리를 위하여 사권의 행사를 대폭 제한하고 있다. 독일 바이마르 헌법의 선례를 따라서 우리나라 헌법 제23조 제2항이 "재산권의 행사는 공공복리에 적합하도록 하여야 한다"고 규정함으로써 소유권의 행사의 자유를 제한한 것은 그 전형적인 예이다. 이 밖에도 우리나라 민법 제2조 제1항이 "권리의 행사는 신의에 좇아 성실히 하여야 한다"고 규정함으로써 신의성실의 원칙을 규정한 것이라든가, 또는 민법 제2조 제2항에서 "권리는 남용하지 못한다"고 규정함으로써 권리남용금지의 원칙을 규정한 것 등 사권의 행사를 제한하는 많은 예를 찾아볼 수 있다. 요컨대 현대에서는 공공의 복리에 반하는 권리의 무제한한 행사는 권리남용으로 허용되지 않는 것이다.

제3절 의무

1. 의무의 개념

의무란 권리에 대응하는 개념으로서 자기의 의사에 불구하고 일정한 작위 또는 부작위를 하여야 할 법률상의 구속을 말한다. 예를 들면 타인에게 돈을 빌린 채무자는 채권자에게 돈을 갚을 채무를 이행할 의무가 있고, 소유권을 가지는 사람에 대해서 일반인은 소유권 행사(사용, 수익, 처분 등)를 방해하지 않을 의무를 지게 된다. 의무는 권리와는 반대로 법률에 의하여 과하여진 특별한 이익에 상당하는 특별한 행동의 구속으로서 그 내용은 특정한 불이익이다.

그런데 의무는 이에 대응하는 권리가 있는데 앞의 예에서 돈을 빌려준 사람은 돈을 받을 권리가 있고, 또한 돈을 빌려간 사람은 갚을 의무가 있는 것처럼 권리와 의무는 서로 대응하여 왔다. 이와 같이 권리자와 의무를 부담하고 있는 자 간에 대응하는 법률관계가 성립되는 것이 보통이나, 어떤 것은 권리만 있고 의무가 없는 것이 있는가 하면(예; 형성권, 취소권, 추인권 등은 의무의 대응이 없는 권리), 또 어떤 것은 의무만 있고 권리가 없는 것도 있다(민법 제88조, 제93조 등의 공고의무, 제50조 내지 제52조, 제85조, 제94조 등의 등기의무, 제755조의 감독의무 등은 의무만 있고 그에 대응하는 권리가 없다). 또한 동일사항이 동시에 권리이며 의무인 경우도 있다(민법 제913조 친권의 효력). 사법관계와는 달리 공법상 의무에는 권리를 수반하지 않는 것이 많다(예; 헌법상의 납세, 병역의무).

한편 책임은 의무와 구별되는 개념이다. 앞에서 언급한 바와 같이 의무는 일정한 작위 또는 부작위를 해야 할 법률상의 구속이지만, 책임이란 의무의 위반에 의하여 일정한 제재(형벌, 강제집행, 손해배상 등)를 받을 수 있는 기초를 말한다. 즉, 책임은 의무의 담보다. 따라서 일반적으로 의무에는 책임이 따르기 마련이나 자연채무와 같이 의무에 책임이 따르지 않는 것도 있다. 소멸시효 완성 후의 채권과 같은 소위 자연채무에 있어서는 채무는 존재하지만 채권자는 이를 근거로 하여 소송을 제기할 수 없다. 이와 같이 의무와 책임은 구별되는 개념이나 양자가 실제로는 혼용되는 경우가 많다.

2. 의무의 분류

의무는 그 관점에 따라 공의무와 사의무, 작위의무와 부작위의무로 나누어진다.

(1) 공의무와 사의무

권리가 공권, 사권으로 분류되는 것과 같이 의무도 공의무와 사의무로 분류된다.

공의무란 공권에 대응하는 의무로서 공법상에서 받는 법률상의 구속이다. 공의무도 국제법상의 공의무와 국내법상의 공의무로 나누어진다. 국제법상의 공의무는 국가가 다른 국가에 대하여 지는 의무이다. 국내법상의 공의무는 국민이 국가나 공공단체에 대하여 지는 의무로서 납세·국방·교육·근로의 의무 등의 개인적 공의무가 있으며, 국가도 국민에 대하여 기본권 보장의무, 평생교육진흥의무 등의 국가적 공의무를 진다.

사의무란 공권에 대응하는 의무로서 사법관계에서 인정되는 것이다. 채무를 비롯하여 재산상의 여러 가지 의무와 부부 간의 동거의무와 같은 친족법상의 여러 의무가 있다.

(2) 작위의무와 부작위의무

작위의무란 금전채무에 있어서의 지급의무나 물건의 반환의무와 같이 적극적으로 행위할 것을 내용으로 하는 의무로서 적극적 의무라고도 한다. 이러한 작위의무는 대개 법의 명령규정에 의하여 발생한다.

한편 부작위의무는 의무자가 어떤 행위를 하지 않을 것을 내용으로 하는 의무로서 소극적 의무라고도 한다. 이는 법의 금지규정에 의하여 발생한다. 여기서 부작위라 함은 단순한 부작위와 인용의무로 구분되는데, 소음을 내지 않을 의무라든가 일정한 지역을 벗어나지 않을 의무 등이 단순히 부작위의 예이며, 민법 제217조의 제2항에서 규정한 바와 같이 "이웃 거주자는 … 이웃 토지의 통상의 용도에 적당한 것인 때에는 이를 인용할 의무를 진다"고 한 것은 후자의 적절한 예라고 할 수 있다.

제10장 법학의 방법론

제1절 법학의 의의

　　법학이란 법을 고찰의 대상으로 하고 이를 논리적·체계적으로 이해하기 위한 학문을 말하는데, 문화과학, 사회과학 및 정신과학의 일종으로서 다루어진다. 법학이 법을 연구의 대상으로 한다고 하더라도 다른 사회과학과는 다른 점이 있다. 일반의 사회과학은 사회현상의 실태를 파악하는 것을 임무로 삼는 동시에 사회현상의 실태를 파악하는 것 이상의 일을 하는 것을 임무로 삼지는 않는다. 이와는 달리 법학은 실정법을 대상으로 하면서 이것을 논리적으로 일관하는, 그리고 인간의 실제생활에 이바지할 수 있는 규범의미의 체계로 닦아 올리는 것을 임무로 삼고 있다. 바꾸어 말하면 법학은 실정법을 법의 목적에 적합하도록 그리고 법의 기능을 원활하게 발휘할 수 있도록 해석하는 일을 맡고 있다.

　　그런데 법학의 범주는 다른 학문과 마찬가지로 역사적 발전에 따라서 변천하여 왔다. 고대 모세의 십계명은 10개 조문에 불과했고, 기자의 팔조금은 8개조였으며 한고저의 법3장도 살(殺), 상(傷), 도(盜)의 세 가지를 금하였을 뿐이다. 그러나 사회가 발전함에 따라 위와 같은 단순한 규범으로는 사회를 충분히 규율할 수 없고, 오늘날의 사회생활을 규율하기 위하여는 무수한 법률과 명령이 제정되어 시행되고 있다. 따라서 법학의 연구대상도 변천하였음은 말할 필요도 없다.

고대 로마 이래 19세기에 이르기까지 법해석학이 법학연구의 중심이 되었던 것이다. 현대에 이르러서는 법에 대한 전문적 지식을 통하여 복잡하게 변천하는 법현상 속에서 통일성 있는 원리·원칙을 규명하는 것이 요구된다. 그러기 위하여 법해석 이외에 법사학, 법사회학, 법정책학, 법철학 등이 법학연구의 대상으로 되었다. 법해석학은 체계적 법학으로서 실정법의 객관적 의미에 관한 과학이다. 법사학은 법의 내재적 생성·발전을 시대적으로 정신적으로 고찰하며, 법사회학은 사회 내에 있어서의 법과 법생활의 보편적인 법칙 및 특수한 발전을 탐구하며, 법정책학은 입법정책을 주요 대상으로 하는 학문으로서 특정사회의 실정법질서로 예정되는 법을 실현하는 방안에 대하여 고찰하는 과학이다. 법철학은 법의 근본원리 및 가치를 탐구하려는 학문이다.

실정법의 법학적 연구는 첫째로 주관적 의미가 아니라 실정법의 객관적 의미, 즉 법규 속에 구체화된 의미를 밝히는 '해석', 둘째로 개개의 법제도의 법규를 모순 없이 완전하게 이룩하려는 '구성', 셋째로 모든 법질서의 모든 법규를 하나의 이념에서 전개하려는 '체계'의 세 가지 단계로서 완성된다.

제2절 법학의 분류

법학이라는 말을 넓은 의미로 사용할 때에는 법사학, 법철학, 법정책학, 법사회학, 법해석학을 모두 포함하는 법에 관한 일체의 학문적 고찰이란 의미로 사용된다. 그런데 좁은 의미로 말할 때에는 법사학과 법해석학만을 가리키고, 가장 좁은 의미로는 법해석학만을 가리킨다. 여기서는 이해의 편의를 위하여 최광의의 입장에서 간단히 설명하기로 한다.

1. 법해석학

법해석학이라 함은 법의 구체적 적용을 위해서 현행 실정법질서의 규범내용을 체계적으로 이해하고, 법의 목적에 따라서 규범의 의미를 명확히 하는 이론적·기술적 조작을 하는 실용적인 법학을 말한다. 즉 실정법규의 의미를 밝혀내고, 다시 그 의미를 확장하여 법질서를 체계화시키는 일을 하는 법학을 법해석학이라고 한다. 규범의 체계로서의 법, 특히 성문법은 일반적이고 추상적인 규정으로 되어 있으므로 이것을 사회생활의 개별적인 사실에 적응하기 위하여는 해석을 하지 않으면 안 된다. 법의 해석은 법의 실천에 있어서 가장 중요한 것이다. 그렇기 때문에 19세기까지는 법해석의 방법을 배우는 것이 법학연구의 주된 목적이었고 따라서 법학은 법해석학으로서 발전을 보게 되었다.

그러나 일부 사람들 중에는 법해석학의 학문성이 희박하다고 생각하는 사람도 없지 않다. 독일의 키르히만은 『법학의 학문으로서의 무가치성』이라는 책에서 "입법자가 세 마디만 수정하면 도서관의 모든 법학서가 휴지가 되고 만다"고 하였다. 이는 법해석학의 대상이 실정법만을 위주로 하는데, 바로 그 실정법이 허무하여 학문적 대상으로서 무가치하기 때문에 법해석학은 직업적 기술에 불과할 뿐 학문적인 가치는 없다고 주장한다. 이에 대하여 라드부르흐 같은 사람은 법학의 대상을 실정법에 두고 법학은 법의 객관적 의미, 즉 이상화된 입법자의 의사를 연구하는 것이지 법의 주관적 의미, 즉 제정자가 가지고 있던 사상을 연구하는 것이 아니라고 주장하였다. 하여간 법의 규범성을 강조하는 입장에 있는 사람들은 엄밀한 의미의 법학은 법규범 그 자체를 대상으로 하는 법해석학만이라고 하여 법학이 원래 법해석으로서 발달되어 온 것이라고 한다. 우리가 대학에서 배우는 헌법학, 형법학, 민법학, 상법학 등은 이러한 법해석학의 일부에 지나지 않는다.

그런데 법의 해석은 법조문의 해석만으로 그친다거나 또는 입법자가 어떤 목적으로 그 법을 만들었느냐 하는 입법자의 의사를 이해하는 것만으로는 부족하다. 법은 현실에 도움이 되는 것이 아니면 안 되므로 법은 현재의 사회생활의 실제에 적합하도록 해석하여야 할 것이며, 법을 이와 같이 해석하기 위하여는 실제 생활과의 긴밀한 결합이 요구된다. 그렇다고 사회생활의 질서유지를 임무로 하는 법이 그 운용자의 주관에 따라 함부로 동요되어도 곤란할 것이다. 그래서 법은 어디까지나 법조문의 문면을 기준으로 하고, 그 문면이 의미하는 규범의 범위 내에서 구체적 생활에 타당하도록 탄력성 있게 해석하지 않으면 안 될 것이다.

이와 같이 법해석은 그 근본에 있어서 현행법의 규범을 연구대상으로 하는 학문이므로 이것을 법규범학이라고도 한다. 그리고 법해석학은 그 해석의 방법에 따라 개념법학, 목적법학, 이익법학, 자유법론 등으로 나누어지고, 그 대상인 법역에 따라 공법학, 사법학, 소송법학 등으로 나누어진다.

2. 법사학

법사학은 역사적 산물로서 존재하였던 법현상 내지 법적 사실을 역사적으로 규명하려는 학문이다. 다시 말하면 법사학은 법사실학의 한 부문으로서 법제사라고도 불리며, 인간의 법생활의 역사를 규명하는 것을 목적으로 하고 있다. 따라서 법현상을 역사적으로 고찰하고 법의 존재·구조·기능 등을 역사적 발전의 측면에서 연구하는 학문이다. 이런 점에서 볼 때 법사학은 법학으로서의 성격과 역사학으로서의 성격을 띠고 있다.

법사학은 19세기 초에 독일의 법학자 사비니에 의한 역사 법학파의 수립을 계기로 하여 발전하여 왔다. 그는 법을 민족정신의 구현으로 보는 입장에서 출발하여 종래의 법사학을 법해석학의 시녀적인 지위에서 벗어나 법에 관한 독자적인 역사적 경험과학으로 발전시켰다.

법사학은 법현상을 연구대상으로 한다는 점에서 법학의 한 부문을 이루고 있으나 특히 법적 사실을 연구대상으로 한다는 점에서 ① 법의 본질을 규명하여 그 이념을 밝히려는 법철학과 구별되고, ② 현행법의 규범내용을 연구대상으로 하는 법해석학과도 구별되며, ③ 입법정책의 수립을 목적으로 하는 법정책학과도 구별되고, ④ 법사학은 법적 사실을 역사적인 견지에서 규명한다고 하는 점에서 다 같이 법률사실을 연구대상으로 하면서도 법을 하나의 사회현상으로 파악하는 법사회학과도 구별된다. 법사학은 법 내지 법제도에 역사적 성격을 갖고 있으므로 현존하는 법을 근본적으로 이해하고 미래를 전망하려면 현재의 법질서가 생성 발전하여 온 과정을 역사적으로 고찰하여 앞으로의 법의 발전방향을 규명하여야 한다. 그러기 위하여 과거의 특정사회에 있어서의 법생활의 실태를 규명함은 물론이고, 그 사회에 있어서의 여러 문화현상과의 종합적이고 유기적인 고찰이 필요하다. 법사학의 연구가 단순한 실정법의 역사에 그친다면 법생활의 참된 면모를 이해하기 곤란하다. 따라서 법사학은 그 시대의 문화사 등 제반 학문과도 긴밀한 관계를 가지며 이러한 연구성과는 법정책학, 법해석학, 법사회학 등에 중요한 시사와 재료를 제공한다.

3. 법정책학

법정책학은 입법정책을 주요 대상으로 하는 학문으로서 특정사회의 실정법질서로 예정되는 법을 실현하는 방안에 대하여 고찰하는 학문이다. 즉, 현행 법규범을 토대로 하여 이것을 비판하면서 장래에 요구될 이상적 규범을 정립하려는 실천적 문화과학이다.

종래로부터 법학이라고 하면 법해석학만을 중시하였으나 20세기에 들어와서 사회가 복잡하고 다양하게 되므로 여러 가지 사회입법의 필요성이 증대됨에 따라 새로운 입법이나 기존의 법의 개정에 관한 과학적 연구가 중요시되어 법정책학이 새로운 인식을 얻게 되었다. 그리하여 현대에 있어서는 법정책학을 제외하고는 법학을 생각할 수 없게끔 되었다. 20

세기 초에 법학의 여러 분과 중에서 특히 법정책학에 중점을 두어야 한다고 역설한 대표적인 학자는 멩거였다. 그의 입장은 법조사회주의라는 독특한 것이었으나 법정책학에 중점을 두는 그의 주장은 다른 학파에도 많은 영향을 주었다. 그리고 "최대다수의 최대행복"을 주장한 영국의 벤담의 공리주의 법사상이나 법학을 사회공학이라고 생각한 파운드의 실리주의적 법사상도 법정책학의 중요성을 강조하고 있다.

　법정책학 중에서 근래에 발달한 것으로는 형사정책학과 비교입법학이 있다. 비교입법학은 법정책학 가운데서도 가장 중요한 것으로 여러 나라의 법률제도를 비교 연구하여 현행법의 개정은 물론 새로운 입법을 위한 준비재료로 삼고 있다. 이것은 비교법사학과 더불어 비교법학에 속하나 비교입법학은 정책학으로서 실천과학에 속하며 주로 근대 문명사회의 법제를 국가별 내지 법계별로 비교 연구하는 학문인데, 비교법사학은 역사학으로서 경험과학에 속하며 주로 원시나 고대법제에 중점을 두고 현대 문명사회의 여러 법적 현상에 이르기까지의 제반 법을 비교 연구하는 학문이다. 비교입법학자로 유명한 사람은 프랑스의 살레이유가 있다. 프랑스에서 특히 그를 중심으로 하여 1869년에 '비교입법협회'가 창설되었고, 1876년에는 '외국입법조사위원회'가 창설되었다.

　형사정책학은 범죄의 원인을 탐구하여 이를 방지할 대책을 강구하는 것을 목적으로 하는 것으로 목적형주의를 주장한 독일의 신파이론의 지도자인 리스트는 "죄를 받아야 할 것은 행위가 아니고 행위자이다"라고 하여 형사정책에 새로운 면을 개척하였다.

4. 법사회학

　법은 규범인 동시에 사실이다. 법이 규범으로서 정립되어 있다고 하더라도 사실로서 행하여지지 않는다면 그것은 '살아있는 법'이라고는 할 수 없다. 그렇기 때문에 법문의 규범의미를 해석해 나가는 것은 물론 중요한 일이지만 그와 더불어 법이 어떻게 사회생활의 사실로서 행하여지고 있는가를 탐구하는 일도 법학이 소홀이 해서는 아니 될 임무인 것이다. 그리고 법해석학은 목적론적 입장에 서 있는 것으로 다른 사회과학과 같은 이론과학인 것이 아니라, 다분히 실천적인 성격을 띠고 있는 학문이지만, 사회생활의 사실로서 행하여지고 있는 법을 탐구하는 것은 목적론과는 멀어져 있는 순수히 이론적인 실증과학의 일이다.

법사회학이란 법현상을 사회학적 방법에 의해서 역사적인 사회현상의 하나로서 파악되고, 종교, 도덕, 정치, 경제 등의 인접사회현상 내지 가족, 사회, 국가 등 인접사회형태와의 관계에 있어서 그 성립·발전·변화·소멸의 법칙을 찾아 내려고 하는 학문으로서 법학 및 사회학의 한 부문으로 되어 있다.

법사회학은 19세기의 성문법만능주의를 신봉하는 법해석학에 대한 반발로 일어났는데, 이것은 자유법학과 밀접한 관계를 가지고 있다. 법사회학을 주장한 학자로서는 독일의 경제학자이며 사회학자인 베버 등 많은 학자들이 있다.

앞에서 말한 바와 같이 법해석학은 목적론적 입장에서 법을 해석하는 실천적 성격을 갖는 데 대응하여, 법사회학은 목적론을 떠난 순수한 이론적 실천과학으로서 사회생활에 있어서 사실로서 행하여지는 법을 탐구하는 학문이라는 데에 양자의 차이가 있다. 사회적 사실로서는 국민의 법생활에 반드시 성문법대로만 운영되어 간다고는 볼 수 없다. 도덕관념이나 경제사정으로 또는 정치정세에 따라 국민의 실제생활은 예기하지 않은 방향으로 움직여 가는 경우가 있다. 이 경우에 생활의 사실 자체는 성문법에서 멀어졌지만 그렇다고 무의미한 것은 아니다. 생활의 실태를 조사하여 생활자체 내에서 행하여지고 있는 법, 즉 '살아 있는 법'을 가능한 한 사실에 접근시키도록 해야 할 것이다. 여기서 목적론의 입장을 떠난 실증과학적인 실태조사는 실생활에서 발생할 수 있는 법의 흠결을 보정함은 물론이고, 사회정책이나 입법정책 및 법운용에 큰 영향을 준다. 법사회학은 이런 점에서 해석이나 입법의 방법을 통하여 고정되어 있는 법과 유동하는 생활과의 간격을 메우는 데 공헌하고 있음은 의심의 여지가 없다.

5. 법철학

모든 법의 연구를 통하여 법학이 항상 당면하게 되는 근본문제는 법이란 무엇이냐, 그리고 법과 법학의 지도이념은 어떠한 것으로서 확립되어야 할 것이냐 하는 문제이다. 법은 한편에서는 사회생활의 사실 속에 깊이 뿌리박고 있으나, 한편에서는 인간존재의 높은 이념의 세계에 연결되어 있으므로 법에 관한 여러 문제를 연구하기 위해서는 '법이란 무엇인가'를 규명하지 않으면 안 된다. 이러한 법의 근본문제를 연구하는 것이 법철학이다.

법철학은 법률철학 또는 법리학이라고도 하는데, 법의 본질을 탐구하고 법의 이념을 밝히며, 법의 가치판단에 관한 철학적 고찰로서 법의 최고원리를 탐구하는 학문이다. 법철학은 높은 철학적 이론의 추구에만 그 임무가 있는 것이 아니고, 법의 실천활동의 최고원리를 규명하고 법의 이론적 인식의 근거를 명확히 함으로써 실정법의 해석과 적용에 대한 이론적 근거와 가치판단의 표준을 제시하는 데 그 임무가 있다.

법철학이 법의 본질이나 법의 이념을 탐구하면서도, 그 성과를 가지고 현실의 사회생활에 이바지할 수 있으려면 법철학자는 실정법상의 현실문제와 깊이 접촉해 나가지 않으면 안 된다. 법철학자는 될 수 있는 대로 실정법상의 여러 문제에 대해서 주의를 게을리하지 말아야 할 것이지만, 법철학과 실정법학과의 사이에 누구나가 다닐 수 있는 넓은 다리를 걷기 위해서는 실정법학 측에서 법철학에 접근해 나간다고 하는 것이 매우 필요하다.

지금까지 사람들은 법철학을 현실의 사회생활로부터 유리된 지극히 난해한 학문이며, 법해석학과 더불어 가장 오랜 역사를 가진 것으로 알고 있다. 사실 법철학은 고대 그리스에서 싹이 터 로마로 전달되고 중세의 스콜라학파를 거쳐 근대에 이르렀으며, 현대까지 계수되어 오면서 법의 본질이 무엇인가를 찾아왔다. 그리하여 법철학은 이 문제를 해결하기 위하여 법인식론과 법가치론 그리고 법효력론으로 나누어 고찰하는 것이다.

2편

헌법

제1장 헌법총론

제1절 헌법의 의의 · 분류

1. 헌법의 의의

헌법이란 국가적 공동체의 존재형태와 기본적 가치질서에 관한 국민적 합의를 법규범적인 논리체계로 정립한 국가의 기본법이다. 헌법은 그 시대의 정치적 이념과 시대사상을 반영하는 역사적 생성물이다. 역사적인 차원에서 볼 때, 헌법의 개념은 국가에 고유한 헌법에서 출발하여 근대입헌주의적 헌법을 거쳐 현대사회국가적 헌법으로 발전해 왔다.

2. 헌법의 분류

헌법의 전통적 분류방법에 따르면 첫째, 헌법의 존재형식이 성문이냐 불문이냐에 따라서 성문헌법과 불문헌법으로 분류할 수 있다. 둘째, 헌법의 개정방법을 기준으로 경성헌법과 연성헌법으로 분류할 수 있다. 셋째, 헌법의 제정주체를 기준으로 흠정헌법, 민정헌법, 협약헌법, 국약헌법으로 분류할 수 있다.

제2절 헌법의 제정·개정·변천

1. 헌법의 제정

　사회적 공동체는 헌법의 제정을 통해 정치적 공동체인 국가적 공동체로 탄생한다. 실질적 의미에서의 헌법의 제정이라 함은 정치적 공동체의 형태와 기본적 가치질서에 관한 국민적 합의를 법규범체계로 정립하는 것이다. 이에 대하여 형식적 의미에서의 헌법의 제정이라 함은 헌법제정권자가 헌법사항을 성문의 헌법으로 법전화하는 것을 말한다.

2. 헌법의 개정

　헌법의 개정이라 함은 헌법에 규정된 개정절차에 따라 기존의 헌법과 기본적 동일성을 유지하면서 헌법의 특정조항을 의식적으로 수정 또는 삭제하거나 새로운 조항을 추가함으로써 헌법의 형식이나 내용에 변경을 가하는 행위를 말한다.

3. 헌법의 변천

　헌법의 변천이라 함은 특정의 헌법조항이 헌법에 규정된 개정절차에 따라 의식적으로 수정·변경되는 것이 아니고, 당해 조문은 원상대로 존속하면서 그 의미내용만이 실질적으로 변화하는 경우를 말한다.

제3절 헌법의 수호

1. 헌법의 수호

  헌법의 수호 내지 헌법의 보장이라 함은 헌법의 핵심적 내용이나 규범력이 헌법에 대한 침해로 말미암아 변질되거나 훼손되지 아니하도록 헌법에 대한 침해행위를 사전에 예방하거나 사후에 배제하는 것을 말한다. 헌법수호제도는 평상적 헌법수호와 비상적 헌법수호로 분류할 수 있다. 비상적 헌법수호에 해당하는 것으로는 국가긴급권과 저항권을 들 수 있다.

2. 국가긴급권

  국가긴급권이라 함은 전쟁·내란·경제공황 등과 같이 국가의 존립과 안전을 위태롭게 하는 비상사태가 발생한 경우에, 국가원수가 헌법에 규정된 통상적인 절차와 제한을 무시하고, 국가의 존립과 안전을 확보하기 위하여 필요한 긴급적 조치를 강구할 수 있는 비상적 권한을 말한다.

3. 저항권

  저항권이라 함은 민주적·법치국가적 기본질서 또는 기본권보장체계를 위협하거나 침해하는 공권력에 대하여 더 이상의 합법적인 대응수단이 없는 경우에, 주권자로서의 국민이 민주적·법치국가적 기본질서를 유지·회복하고 기본권을 수호하기 위하여 공권력에 저항할 수 있는 최후의 비상수단적 권리를 말한다.

4. 방어적 민주주의

방어적 민주주의라 함은 민주주의의 이름으로 민주주의 그 자체를 파괴하거나 자유의 이름으로 자유의 체계 그 자체를 말살하려는 민주적·법치국가적 헌법질서의 적으로부터 민주주의가 자신을 효과적으로 방어하고 그와 투쟁하기 위한 자기방어적·자기수호적 민주주의를 말한다.

제4절 대한민국의 구성요소

1. 국가권력

넓은 의미로 국가권력이라 함은 주권과 통치권을 말한다. 어떠한 정치적 통일체가 국가이기 위해서는, 국가의사를 전반적·최종적으로 결정할 수 있는 최고권력인 주권과, 현실적으로 국가적 조직을 유지하고 국가적 목적을 실현하기 위한 구체적 권력으로서의 통치권을 필요로 한다.

2. 국민

국민이라 함은 국가에 소속하는 개개의 자연인을 말하며, 이들 개개인은 전체로써 국민을 구성한다. 국민은 인민과 구별된다. 국민은 국가적 공동체를 전제로 한 개념으로서 국가의 구성원, 즉 국적을 가진 개개인의 집합을 의미하는 데 대하여, 인민은 국가적 공동체와는 무관한 사회적 개념인 사회의 구성원을 의미한다.

3. 국가의 영역

국가는 일정한 범위의 공간을 그 존립의 기초로 한다. 이 공간이 영역이다. 영역은 국가의 법이 적용되는 공간적 범위를 의미하면서 국가적 지배의 물적 대상을 의미하기도 한다. 영역은 영토·영해·영공으로 구성된다.

제5절 대한민국의 기본원리

1. 국민주권 원리

국민주권의 원리라 함은 국가적 의사를 전반적·최종적으로 결정할 수 있는 최고의 권력인 주권을 국민이 보유한다는 것과 모든 국가권력의 정당성의 근거를 국민에게서 찾아야 한다는 것을 내용으로 하는 민주국가적 헌법원리를 말한다. 이러한 국민주권의 원리는 미국의 독립선언과 프랑스의 인권선언을 비롯한 현대민주국가의 헌법들이 예외 없이 선언하고 있다.

2. 자유민주주의

자유민주주의는 자유주의와 민주주의가 결합된 정치원리이다. 자유주의라 함은 국가권력의 간섭을 배제하고 개인의 자유와 자율을 옹호하고 존중할 것을 요구하는 사상적 입장을 말한다. 이러한 의미의 자유주의는 18세기에 와서 신흥시민계급이 주장한 이데올로기로서 개인의 자유를 이상으로 하고, 자유경쟁에 입각한 자율적 행동원리를 그 수단으로 하는 정치철학이요, 정치원리라고 할 수 있다. 이에 대하여 민주주의라 함은 국민에 의한 지배 또는 국가권력이 국민에게 귀속되는 것을 내용적 특징으로 하는 정치원리라고 할 수 있다.

3. 사회국가 원리

사회국가라 함은 모든 국민에게 그 생활의 기본적 수요를 충족시킴으로써 건강하고 문화적인 생활을 영위할 수 있도록 하는 것이 국가의 책임이면서, 그것에 대한 요구가 국민의 권리로서 인정되어 있는 국가를 말한다. 사회국가의 원리는 사회정의를 구현하기 위하여 법치국가적 방법으로 모든 국민의 복지를 실현하려는 국가적 원리를 말한다. 사회국가의 원리는 실질적 법치국가를 실천목표로 하고 사회적 시장경제질서에 의하여 뒷받침된다는 점에서 사회적 법치국가의 원리와 표리의 관계에 있다.

4. 문화국가 원리

문화국가라 함은 국가로부터 문화활동의 자유가 보장되고 국가에 의하여 문화가 공급되어야 하는 국가, 즉 문화에 대한 국가적 보호·지원·조정 등이 이루어져야 하는 국가를 말한다. 현대국가는 문화의 자율성을 최대한으로 존중하면서도 문화에 대한 자유방임정책이 초래한 현대적 모순과 불합리성을 극복하기 위해 능동적으로 문화를 형성하고 보호하는 기능을 떠맡게 되었다. 이러한 의미에서 현대의 문화국가는 문화조성적 국가라고도 할 수 있다.

5. 법치국가 원리

법치국가의 원리가 현대민주국가에서는 예외 없이 헌법적 원리의 하나로 인식되고 있지만, 그것은 다의적인 개념이기 때문에 각국의 역사적 상황이나 논자의 시각에 따라 그 개념규정이 동일하지 아니하다. 그러나 법치국가라 함은 일반적으로 사람이나 폭력이 지배하는 국가가 아니라 법이 지배하는 국가를 말한다. 그렇다면 법치국가의 원리란 모든 국가적 활동과 국가공동체적 생활은 국민의 대표기관인 의회가 제정한 법률에 근거를 두고 법률에 따라 이루어져야 한다는 헌법 원리라고 할 수 있다.

6. 평화국가 원리

평화국가라 함은 국제협조와 국제평화의 지향을 그 이념적 기반으로 하는 국가를 말한다. 평화국가의 원리란 국제적 차원에서 평화공존·국제분쟁의 평화적 해결·각 민족국가의 자결권존중·국내문제불간섭 등을 핵심내용으로 하는 국제평화주의를 국가목적으로 하는 원리를 말한다.

제6절 한국헌법의 기본질서

1. 민주적 기본질서

민주적 기본질서에 관한 논의는 곧 민주주의에 관한 논의라고 할 수 있다. 하지만 민주주의는 다의적 개념이므로 일의적인 개념규정이 불가능하다. 민주주의의 본질적 내용을 이루는 보편적 가치 내지 이념이 무엇인가에 관해서는 다양한 견해가 있으나, 일반적으로 국민주권을 비롯하여 자유·평등·정의 등을 들고 있다. 민주적 기본질서는 헌법적 질서의 하나로서 자유민주주의와 사회민주주의를 비롯한 모든 민주주의를 그 내용으로 포괄하는 공통분모적 상위개념이다.

2. 사회적 시장경제질서

사회적 시장경제질서는 사회국가라는 국가적 유형에 대응하는 경제질서이다. 사회적 시장경제질서라 함은 사유재산제의 보장과 자유경쟁을 기본원리로 하는 시장경제질서를 근간으로 하되, 사회복지·사회정의·경제민주화 등을 실현하기 위하여 부분적으로 사회주의적 계획경제(통제경제)를 가미한 경제질서를 말한다.

3. 평화주의적 국제질서

양차세계대전의 체험을 계기로 제2차세계대전 이후에는 각국이 전쟁을 방지하고 평화를 유지하기 위한 각별한 노력을 기울이고 있다. 여러 국제조약과 각국 헌법에 국제평화주의를 선언하고 침략전쟁금지를 위한 평화조항을 수용하게 되었다. 그 내용으로는 국제법규의 존중과 외국인의 법적 지위보장을 들 수 있다. 또한 우리나라에서는 평화통일의 원칙도 평화주의적 국제질서에 포함될 수 있다.

제7절 한국헌법의 기본제도

1. 정당제도(복수정당제)

현대민주국가에 있어서 정당은 분산된 국민의 정치적 의사를 일정한 방향으로 유도하고 결집하여 상향적으로 국가의사결정에 반영하는 매개체 또는 중개자 역할을 담당한다. 현대민주국가에서 정당이 수행하는 공적 기능을 제도적으로 보장하고 반의회주의적 정당의 폐해를 방지하기 위하여 제2차세계대전 이후에는 정당제도를 헌법에 수용하는 국가들이 증가하고 있다. 우리나라는 헌법 제8조에서 복수정당제도를 보장하고 있다.

2. 선거제도

선거라 함은 국민적 합의에 바탕한 대의제 민주정치를 구현하기 위하여 주권자인 국민이 그들을 대표할 국가기관을 선임하는 행위를 말한다. 선거는 법적으로 유권자의 집단인 선거인단이 국회의원이나 대통령 등 국민을 대표할 국가기관을 선임하는 집합적 합성행위라는 성질을 가진 것이다. 현대민주국가는 대의제를 기반으로 하고 있는 까닭에 선거제도와 그 운용은 대의제 민주주의의 성패를 가름하는 관건이 된다. 그러나 현대 정당제 민주국가에서는 선거의 의미가 변질되어 선거가 인물선정이라는 성격 외에 여러 가능한 정부 중에서 그 하나를 선택한다고 하는 정부선 택적 국민투표의 성격도 아울러 가지고 있다.

3. 공무원제도

공무원이라 함은 직접 또는 간접으로 국민에 의하여 선출되거나 임 용권자에 의하여 임용되어 국가 또는 공공단체와 공법상의 근무관계를 맺 고 공공적 업무를 담당하고 있는 자를 말한다. 제도로서 직업공무원제를 보장한다 함은 공무원근무관계가 공법상의 근무관계, 종신제, 정치적 중 립성, 능력주의, 경력과 직렬의 구분, 국가에 의한 생활보장, 신분관계의 법적 보호 등을 내용으로 하는 공직제도라야 함을 의미한다. 우리나라는 헌법 제7조에서 공무원의 법적 지위·책임·신분과 정치적 중립성 등에 관하여 규정하고 있다.

4. 지방자치제도

지방자치제도라 함은 일정한 지역을 단위로 하여, 일정한 지역의 주 민이 그 지방에 관한 여러 가지 사무를 그들 자신의 책임 하에, 자신들이 선출한 기관을 통하여 직접 처리하게 함으로써, 지방자치행정의 민주성과 능률성을 제고하고, 지방의 균형 있는 발전과 아울러 국가의 민주적 발전 을 도모하는 제도를 말한다. 지방자치제의 이념은 민주주의와 밀접한 관 련을 가지고 있다. 풀뿌리 민주주의를 강화하고 직접민주제의 요소를 정착시키며 중앙집권주의를 견제할 수 있는 지방분권주의의 실현이 곧 지방자치제의 이념이라 할 수 있다. 우리나라는 헌법 제117조, 제118조에서 지방자치제도를 규정하고 있다.

제2장 기본권총론

제1절 기본권의 의의

인권 또는 인간의 권리라 함은 인간이 인간으로서 당연히 누리는 권리를 말한다. 이러한 의미의 인권을 최초로 선언한 헌법은 버지니아권리장전과 프랑스인권선언이다. 인권 또는 인간의 권리를 독일 등에서는 기본적 인권 또는 기본권이라고 한다. 엄밀한 의미에서 인권과 기본권은 동일한 개념이 아니다. 인권은 인권사상을 바탕으로 하여 인간이 인간이기 때문에 당연히 누리는 인간의 생래적·천부적 권리를 의미하지만, 기본권은 헌법이 보장하는 국민의 기본적 권리를 의미하기 때문이다. 그러나 각국의 헌법에서 보장하고 있는 기본권은 자유권적 기본권을 중심으로 하고 있을 뿐만 아니라 그 밖의 정치적·경제적·사회적 기본권 등도 인간의 권리와 보완관계에 있는 것이기 때문에 인권과 기본권을 동일시하여도 무방하다고 할 수 있다.

제2절 기본권의 분류·유형

1. 기본권의 분류

기본권은 주체, 성질, 내용, 효력을 기준으로 분류할 수 있다. 특히,

기본권은 효력을 기준으로 구체적 기본권과 추상적 기본권으로 분류할 수 있다. 구체적 기본권이라 함은 모든 국가권력을 직접 구속하는 효력을 가진 기본권을 말한다. 이에 대하여 추상적 기본권이라 함은 입법에 의하여 비로소 구체적 권리가 되는 기본권으로서, 입법자에 대해 입법의 의무만을 부과하는 것일 뿐 집행권과 사법권에 대해서는 직접적 구속력이 없는 기본권을 말한다. 다수설은 사회적 기본권을 추상적 기본권으로 이해하고 있다.

2. 기본권의 유형

기본권의 유형을 기본권의 내용과 성질이라는 복합기준에 따라 현행 헌법상의 기본권을 포괄적 기본권(헌법 제10조, 제11조), 자유권적 기본권(헌법 제12부터 제23조까지), 정치적 기본권(헌법 제24조, 제25조), 청구권적 기본권(헌법 제26조부터 제30조까지), 사회적 기본권(헌법 제31조부터 제36조까지)으로 나눌 수 있다.

제3절 기본권의 주체

1. 자연인

한국의 국적을 가진 대한민국의 국민은 누구나 헌법이 보장하는 기본권의 주체가 될 수 있다. 다만 기본권의 주체성은 기본권보유능력과 기본권행사능력으로 나누어진다. 기본권보유능력이라 함은 기본권을 보유할 수 있는 기본권귀속능력을 말한다. 기본권보유능력은 국민이면 누구나 가지는 것이므로, 이때의 국민 중에는 미성년자나 심신상실자·수형자 등도 포함된다. 기본권행사능력이라 함은 기본권의 주체가 자신의 기본권을 현실적으로 행사할 수 있는 자격 또는 능력을 말한다. 선거권·피선거권·

투표권 등 특정한 기본권은 그것을 현실적으로 행사하기 위해서는 일정한 연령요건을 구비하고 결격사유가 없어야 하는 등 기본권행사능력이 요구되는 경우가 있다. 외국의 국적을 가진 자와 무국적자도 기본권의 주체가 될 수 있는가에 관해서는 견해가 갈리고 있다.

2. 법인

헌법학의 영역에서 기본권에 관한 전통적인 논의는 국가와 국민과의 관계를 중심으로 하여 전개되어 왔다. 그러나 오늘날에는 다양한 조직·단체·법인 등의 실재성과 사회적 중요성이 증대됨에 따라 이들을 더 이상 헌법의 무인도로 방치하여 둘 수 없게 되었다. 하지만 독일기본법처럼 법인의 기본권주체성을 명문으로 규정하고 있지 아니한 헌법의 경우에는 법인도 기본권의 주체가 될 수 있는가가 논란의 대상이 되고 있다. 원칙적으로 법인의 기본권주체성을 긍정하고 있다. 단, 공법인에 대해서는 원칙적으로 기본권주체성을 부정하되, 제한된 범위 안에서 예외적으로만 기본권주체성을 긍정하고 있다.

제4절 기본권의 효력

1. 기본권의 대국가적 효력

기본권의 효력이라 함은 기본권이 그 의미와 내용대로 실현될 수 있는 힘, 즉 기본권의 구속력을 말한다. 국가작용은 권력작용(공권력의 행사)과 비권력작용(관리작용·국고작용)으로 구분된다. 기본권은 모든 공권력적 국가작용을 직접 구속하는 효력을 가진다. 국가작용 중 공권력의 발동인 권력작용은 그것이 국가기관에 의한 것이든 지방자치단체에 의한 것이든 공권력수탁자에 의한 것이든 그 모두가 기본권에 기속된다. 그러나 영조물의 설치·관리, 예산재원의 조달, 공공수요의 충족 등 경제활동을 내용으로 하는 관리작용과 국고작용 등 경제적 비권력작용까지도 기본권에 기속되는가에 관해서는 견해가 갈리고 있다.

2. 기본권의 제3자적 효력

기본권이 사인의 법률행위나 사인 상호간의 법률관계에도 적용되는가 하는 기본권의 제3자적 효력(대사인적 효력)여하에 관해서는 각국 헌법에 명문의 규정이 거의 없으며 학설도 갈리고 있다. 독일에서의 이론전개를 살펴보면 효력부인설(제3자적 효력부정설), 직접효력설(직접적용설), 간접적용설(간접효력설)이 있는데 간접적용설(공서양속설)이 다수설이다. 우리나라에서도 헌법에 명문의 규정이 없는 경우 간접적용설(공서양속설)에 따라 기본권규정이 사법상의 일반원칙을 통해 사법관계에 적용된다고 보는 것이 다수설의 입장이다. 미국에서도 사정부이론의 관점에서 사인의 특정한 행위를 국가행위로 간주하는 헌법판례이론을 가지고, 헌법규정을 사법관계에 직접적용하는 이론구성을 하고 있다. 이것을 국가유사론 또는 국가행위의제론이라고 한다.

3. 기본권의 갈등

헌법의 기본권규정들은 각기 고립하여 존재하는 것이 아니라 어떠한 형태로든 다른 기본권규정들과 관련을 가지고 있으며, 때로는 기본권 상호간에 마찰과 모순을 드러내는 경우도 없지 아니하다. 기본권 간의 마찰과 모순으로부터 야기되는 제반 문제를 기본권의 갈등이라 한다. 기본권의 갈등은 단일의 기본권주체가 동시에 여러 기본권의 적용을 주장하는 경우(기본권의 경합)와 복수의 기본권주체가 서로 대립되는 상이한 기본권의 적용을 주장하는 경우(기본권의 충돌)를 포괄하는 개념이다.

(1) 기본권의 경합(경쟁)

기본권의 경합이라 함은 단일의 기본권주체가 국가에 대해 동시에 여러 기본권의 적용을 주장하는 경우를 말한다. 일반적으로 기본권경합의 문제는 상이한 제한의 정도를 규정한 법률유보가 부가됨으로써 그 제한의 가능성이 각기 상이한 여러 기본권을 단일의 기본권주체가 동시에 주장하는 경우에 발생한다. 이러한 경우 제한의 가능성이 보다 더 큰(효력이 보다 약한) 기본권과 제한의 가능성이 더 작은(효력이 보다 강한) 기본권 중에서 어느 것을 우선적으로 적용할 것인가가 헌법 문제로서 제기된다.

(2) 기본권의 충돌(상충)

기본권의 충돌이라 함은 복수의 기본권주체가 서로 충돌하는 권익을 실현하기 위하여 국가에 대해 각기 대립되는 기본권의 적용을 주장하는 경우를 말한다. 기본권의 충돌은 복수의 기본권주체를 전제로 하고, 원칙적으로 국가에 대하여 기본권을 주장하는 경우를 말한다. 실질적으로는 사인 상호간에 이해관계가 충돌하는 경우라 하더라도 기본권규정의 적용과 관련된 권리자와 의무자는 국가와 사인일 수밖에 없다. 왜냐하면 기본권의 충돌이란 국가공권력이 한 사인의 기본권을 보호하려는 의도를 가지고 이와 대립하는 다른 사인의 기본권을 제한하는 경우를 의미하기 때문이다.

제5절 기본권의 제한

기본권의 제한이라 함은 기본권의 효력이나 그 적용범위를 축소하거나 한정하는 것을 말한다. 기본권을 제한하는 방식에는 헌법유보에 의한 제한과 법률유보에 의한 제한의 두 가지가 있다.

1. 헌법유보에 의한 기본권의 제한

(1) 헌법유보의 의미

기본권에 당연히 내재하는 한계성을 명문화한 것이든 새로운 제한을 창설한 것이든, 헌법이 명문의 규정을 가지고 직접 기본권의 제한을 규정하고 있는 경우에, 그것을 기본권제한에 관한 헌법유보 또는 헌법직접적 기본권제한이라 한다. 헌법유보에는 헌법이 직접 기본권 전반에 대하여 제한을 규정하는 일반적 헌법유보와 특정의 기본권에 한하여 제한을 규정하는 개별적 헌법유보가 있다.

(2) 헌법유보의 유형

① 일반적 헌법유보

현행헌법에는 독일기본법 제2조 제1항과 같은 일반적 헌법유보에 해당하는 규정이 없다. 그러나 일반적 헌법유보에 관한 조항이 없을지라도 타인의 권리·도덕률·헌법질서 등의 존중은 국가적 공동생활을 위하여 기본권에 당연히 내재하는 제약사유이다.

② 개별적 헌법유보

현행 헌법에서도 정당의 목적과 활동에 관한 제한(헌법 제8조 제4항), 언론·출판의 사회적 책임의 강조(헌법 제21조 제4항), 재산권의 행사의 제약(헌법 제23조 제2항) 등에 관한 조항은 개별적 헌법유보라고 할 수 있다. 이들 헌법조항은 개별 기본권별로 직접 헌법에서 제약사유를 명기하고 있으므로, 이들 조항은 개별적 헌법유보에 해당하는 것이다.

2. 법률유보에 의한 기본권의 제한

(1) 법률유보의 의미

헌법이 기본권의 제한을 직접 규정하지 아니하고 그 제한을 법률에 위임하고 있는 경우에 그것을 기본권제한에 관한 법률유보 또는 헌법간접적 기본권제한이라 한다. 법률유보에도 헌법이 특정의 기본권에 한하여 법률로써 제한할 수 있다라고 규정하는 개별적 법률유보와 기본권 전반이 법률에 의하여 제한될 수 있다라고 규정하는 일반적 법률유보가 있다.

(2) 법률유보의 유형

① 일반적 법률유보

기본권제한에 관한 일반적 법률유보조항을 의미하는 헌법 제37조 제2항 전단은 법률로써 기본권을 제한하는 경우에 준수되어야 할 일반준칙을 규정한 조항이다. 따라서 기본권을 제한하는 입법을 함에 있어서는 입법목적의 정당성과 그 목적달성을 위한 방법의 적정성, 피해의 최소성, 그리고 그 입법에 의해 보호하려는 공공의 필요와 침해되는 기본권 사이에 균형성이 유지되게 하는 조건을 모두 갖추어야 하며, 이를 준수하지 않은 법률 내지 법률조항은 기본권제한의 입법적 한계를 벗어난 것으로 헌법에 위반된다.

② 개별적 법률유보

모든 기본권은 일반적 법률유보에 따라 제한이 가능하지만, 별도로 규정이 있는 경우가 있다. 이를 개별적 법률유보라 한다. 개별적 법률유보조항이 있는 기본권으로는 헌법 제12조 제1항의 신체의 자유, 헌법 제23조 제3항의 재산권 등이 있다.

제3장 기본권각론

제1절 포괄적 기본권

1. 인간의 존엄과 가치

(1) 의의

인간의 존엄이란 인간의 본질로 간주되고 있는 인격의 내용을 말하고, 인간의 가치란 이러한 인간에 대한 총체적인 평가를 의미한다.

(2) 법적 성격

최고규범성을 가지므로 기본권규정의 해석기준이고 기본권제한의 한계로서 기능한다. 또한 최고의 헌법적 원리로 기능한다. 한편 기본권성 인정 여부에 대하여는 학설이 갈리나 헌재는 최고 원리인 동시에 기본권성을 긍정한다. 전국가적 자연권성을 지니며 반전체주의적 성격을 갖는다.

(3) 주체

모든 국민, 외국인, 태아와 같은 자연인이 주체로 인정된다.

(4) 내용

생명권, 일반적 인격권(명예권, 성명권, 초상권), 자기결정권, 알권리 등이 이에 속한다.

2. 행복추구권

(1) 연혁

버지니아권리장전(제1조)에서 기원하였으며 미국독립선언(1776), 일본 헌법(1947) 등에 영향을 미쳤고, 우리나라는 미국헌법의 영향으로 제8차 헌법개정시에 신설되었다.

(2) 법적 성격

① 독자적 기본권성 인정 여부

일반원리설(독자적 기본권성 부인)과 주관적 공권설(독자적 기본권성 인 정: 다수설)이 나뉘나 헌법재판소는 무혐의자에 대한 군검찰관의 기소유예 처분을 평등권, 재판을 받을 권리, 그리고 행복추구권을 침해한 것으로 보아 행복추구권을 구체적 권리(독자적 기본권성 인정)의 하나로 파악하고 있다(헌재 89헌마56).

② 개별적 기본권과의 관계

행복추구권은 독자적 권리성을 갖는 포괄적 권리다. 우리 헌재도 행 복추구권 그 자체로서도 하나의 개별적 기본권이 됨과 동시에 이에 일반 적 행동의 자유, 개성의 자유로운 발현권 등이 함축되어 있다고 보고, 또 한 일반적 행동자유권에서 계약의 자유 등이 파생된다고 보아 포괄적 기 본권성을 인정하고 있다(헌재 89헌마204).

③ 절대적 기본권 여부

인간의 존엄과 가치는 절대적 기본권이나, 행복추구권은 국가안전보 장, 질서유지 또는 공공복리에 의해 제한될 수 있는 것이므로(헌재 94헌마 13) 절대적 기본권으로 볼 수 없다고 한다.

④ 헌법 제10조의 행복추구권은 국민이 행복을 추구하기 위하여 필요한 급부를 국가에게 적극적으로 요구할 수 있는 것을 내용으로 하는 것이 아니라, 국민이 행복을 추구하기 위한 활동을 국가권력의 간섭 없이 자유롭게 할 수 있다는 포괄적인 의미의 자유권으로서의 성격을 가지는 것이다(헌재 93헌가14).

(3) 주체

모든 국민, 외국인이 향유할 수 있는 인간의 권리이므로 법인은 제외된다.

3. 평등권

(1) 의의

헌재는 평등권을 기본권보장의 최고원리이자 기본권 중의 기본권으로 보고 있다(헌재 88헌가15).

(2) 내용

법 앞의 평등을 의미한다.

① 법의 의미: 국회에서 제정한 형식적 의미의 법률과 명령·규칙·조례 등 성문법과 관습법 등과 같은 불문법(국제조약·국제법) 등 모든 법을 의미한다.

② 법 앞에의 의미: "법 앞에"란 행정과 사법만을 의미하는지, 입법까지도 포함하는지에 따라 입법비구속설(법적용평등설)과 입법구속설(법내용평등설)이 대립한다. 통설과 판례는 법내용의 평등을 의미하고, 입법까지도 구속한다고 한다.

③ 평등원칙의 의의와 기준

㉠ 평등의 전제조건과 비교 기준

평등이란 비교의 결과 동일하게 취급되는 것을 말한다. 평등은 비교가 가능한 둘 이상의 대상과 그 대상이 다르다는 것이 전제되어야 하며 둘 이상을 비교할 수 있는 비교의 관점이 요구된다. 일반적으로 비교되는 두 관계는 모든 관점에서 동일할 수 없고 일정한 관점에서만 동일하게 된다.

㉡ 절대적 평등과 상대적 평등

절대적 평등은 모든 사람이 모든 면에서 동등하다는 것인데, 어떤 사람도 다른 사람과 똑같지 않으며 어떤 상황도 다른 상황과 동일하지 않기에, 모든 사람을 모든 상황에서 동일하게 다룬다는 절대적 평등은 존재할 수 없다. 상대적 평등은 모든 사람을 동등하게 취급하되 정당한 사유가 있는 경우에는 합리적 차별을 인정하는 입장이다. 평등은 상대적 평등을 의미할 수밖에 없다.

㉢ 형식적 평등과 실질적 평등

정치적 영역(선거권이나 피선거권)에서는 모든 사람을 동등하게 다루어야 한다. 그가 처한 위치에 따라 달리 취급될 수 없다. 다만 사회국가원리를 기본원리로 삼는 헌법에서는 정의를 실현하고자 경제·사회적 약자를 보호하는 실질적 평등이 강조된다.

㉣ 완화된 심사척도와 엄격한 심사척도

헌법재판소는 헌법에서 특별히 평등을 요구하고 있는 경우(차별의 근거로 삼아서는 아니 되는 기준을 제시하거나, 차별을 금지하는 특별한 영역을 제시하고 있는 경우)나 차별적 취급으로 기본권에 대한 중대한 제한을 초래하게 되는 경우에는 엄격한 심사척도가 적용되어야 한다고 한다. 엄격한 심사란 자의금지원칙에 따른 심사(합리적 유무를 심사하는 것)에 그치지 아니하고 비례성원칙에 따른 심사(차별취급의 목적과 수단 간에 엄격한 비례관계가 성립하는가를 기준으로 하는 심사)를 의미한다. 이와 같은 헌재결정은 일률적으로 엄격한 심사요건을 충족하여야 하는 것으로 보는 견해를 보완한 것으로서 타당하다고 본다. 엄격한 심사인 경우에는, 합리적 차별인가의 여부 판단은 차별취급이 정당한 목적을 추구하고 있는지, 정당한 목적을 추구하더라도 헌법이 허용하고 있는 정당한 사유에 의한 차별취급인지, 차별취급이 목적달성에 적합하고 반드시 필요한 것인가를 검토하여야한다. 우리 헌법재판소도 제대군인 가산점과 관련된 판례에서 이 기준을원용하여 심판한 예가 있다.

제2절 자유권적 기본권

1. 신체의 자유

(1) 적법절차의 원리(제12조 제1항)

① 헌법규정

제12조 제1항은 "누구든지 … 법률과 적법한 절차에 의하지 아니하고는 처벌·보안처분 또는 강제노역을 받지 아니한다."라고 규정한다. 같은 조제3항은 "체포, 구속, 압수 또는 수색을 할 때에는 적법한 절차에 따라 검사의 신청에 의하여 법관이 발부한 영장을 제시해야 한다."라고 규정한다.

② 연혁

1215년 마그나 카르타(자연적 정의의 법리를 규범화)에 기원, 1628년 권리청원, 미연방헌법수정 제5조에서 입법화된 것으로 영미법상 제도에서유래하였으며 영국에서는 이른바 자연적 정의라는 개념을 같은 의미로 사용한다(우리나라: 제9차 개헌시 신설).

⇨ 일본에는 있으나 독일에는 명문의 규정이 없다.

③ 판례의 변화 경향

㉠ 형식적·절차적 적법성만의 보장원리에서 실체적 적법성까지의 보

장원리로,

     ⓛ 형사절차적 적법성의 보장원리에서 입법·사법·행정절차까지 포괄하는 경향으로,

     ⓒ 연방차원의 헌법원리에서 각 주(州)의 국가권력도 구속하는 방향으로,

     ⓔ 자유주의적 인권사상의 보호원리에서 사회국가적 사회정의실현원리로,

     ⓜ 신체의 자유보장에서 모든 기본권의 보장으로 확대되었다.

(2) 진술거부권 및 고문을 받지 아니할 권리(제12조 제2항)

① 의의

진술거부권이란 피고인 또는 피의자가 공판절차 또는 수사절차에서 법원 또는 수사기관의 심문에 대하여 진술을 거부할 수 있는 권리를 말한다. 수사기관인 검사 또는 사법경찰관은 진술을 들을 때에는 미리 피의자에 대하여 진술을 거부할 수 있음을 알려야 한다(형사소송법 제244조의3). 16세기 후반 영국에서 보통법상 권리로 확립되어 미연방헌법(수정 제5조) 자기부죄금지의 특권으로 발전하였다.

② 진술거부권의 주체

피고인, 피의자의 권리이다. 증인의 권리는 아니다. 법인의 경우에는 인정되지 않고 법인대표자에게 인정되는 권리이며, 외국인도 피의자, 피고인인 경우에 인정된다.

     ⇨ 재판장이 공판장에서 피고인에게 진술거부권을 고지하지 아니한 경우에도 공판심리절차는 유효하다.

③ 진술거부권의 내용

     ㉠ **진술을 강요당하지 않을 권리**: 직접적 강요인 고문이나 간접적 강요의 형태인 법률에 의한 진술을 강요당하지 않을 권리이다.

     ㉡ 진술을 하지 않을 권리가 보장된다.

(3) 영장제도(제12조 제3항)

① 의의

영장제도란 사람을 체포·구속하는 데는 원칙적으로 수사기관의 임의가 아닌 제3자적인 법관이 발부한 영장에 의하도록 하는 것이다.

영장에는 체포영장, 구속영장, 압수·수색영장이 있다. 영장에는 체포·구속할 대상, 압수의 목적물 또는 수색의 장소 등이 구체적으로 명시되어야 하며, 구체적 사항이 명시되지 않은 이른바 일반영장은 금지된다. 그리고 형사소송법은 구속전 피의자심문제도(영장실질심사제도)를 규정하고 있는데, 체포된 피의자에 대하여 구속영장을 청구받은 판사로 하여금 피의자 등의 신청이 있을 때에 피의자를 심문할 수 있도록 하여 구속에 신중을 기하고 있다. 다만, 피의자 등의 신청이 있을 경우에만 영장실질심사를 할 수 있을 뿐이고, 판사가 직권으로 심사할 수는 없다.

② 영장의 법적 성격

㉠ 허가장설: 강제처분의 권한행사를 허가한 것으로 보며, 검사의 신청에 의한 발부의 경우의 영장의 성격을 뜻한다. 원칙적인 경우에는 영장은 허가장의 성격을 갖는다.

㉡ 명령장설: 수사기관에 강제처분을 명령한 것으로 보며, 법원이 직권으로 발부한 경우의 영장의 성격을 뜻한다. 예외적인 경우에 해당한다.

③ 내용

㉠ 사전영장주의의 원칙: 수사기관이 형사절차에 따라 체포, 구속, 압수, 수색 등의 강제처분을 함에 있어 검사의 신청에 의하여 법관이 발부한 영장을 사전에 제시하여야 한다는 원칙을 말한다. 사전영장주의는 체포·구속의 필요성 유무를 공정하고 독립적 지위를 가진 사법기관으로 하여금 판단하게 함으로써 수사기관에 의한 체포·구속의 남용을 방지하는 데 그 의의가 있다.

ⓛ 발부절차: 검사의 신청과 법관의 발부에 의한다.

(4) 변호인의 조력을 받을 권리(제12조 제4항)

① 의의

무죄추정을 받는 피의자·피고인에 대하여 신체구속의 상황에서 발생하는 갖가지 폐해를 제거하고 구속이 악용되지 않도록 하기 위하여 인정된 권리를 말한다.

② 내용

㉠ **변호인선임권**

ⓛ **변호인 접견 교통권:** 변호인의 조력을 받을 권리의 실질적 보장을 말한다.

ⓐ 주체: 구속당한 피의자·피고인에만 한정된다.

ⓑ 제한: 변호인과의 접견교통권은 변호인의 조력을 받을 권리의 필수적 내용으로 국가안전보장·질서유지·공공복리 등 어떠한 명분으로도 제한할 수 없다.

③ 국선변호인의 조력을 받을 권리

㉠ **국선변호인:** 형사피고인의 이익을 위하여, 법원이 직권으로 선임하는 변호인을 말한다.

ⓛ **주체:** 원칙적으로 형사피고인의 권리이므로, 형사피의자는 국선변호인의 조력을 받을 권리를 누릴 수는 없으나, 체포·구속적부심사에는 변호인의 참여가 요구되므로 예외적으로 누릴 수는 있다.

2. 거주이전의 자유

(1) 내용

① 국내 거주 · 이전의 자유

국내에서의 주소 · 거소 · 여행의 자유가 인정된다. 고향의 권리(인구정
책이나 지역개발을 이유로 고향을 떠나 타지역으로 이사할 것을 강요받지 않을
권리) 등이 있다.

② 국외 거주 · 이전의 자유

해외이주의 자유, 해외여행의 자유, 귀국의 자유 등이 있다. 해외이
주법이 국외이주를 신고사항으로 규정하고 있는 것은 위헌이 아니다. 출
국의 자유 중 병역의무자의 출국을 제한하는 것은 거주 · 이전의 자유에
위배되지 아니한다.

③ 국적이탈의 자유

세계인권선언에 규정되어 있으며 인정설이 통설이다. 단, 무국적의
자유는 보장되지 않는다.

3. 직업선택의 자유

(1) 내용

① 직업결정의 자유

직업결정, 직업개시, 직업계속, 직업포기, 직업변경의 자유, 직업교육
장 결정의 자유 등이 있다.

② 직업수행의 자유(직업종사의 자유)

직장선택의 자유(헌재 89헌가102), 영업의 자유 · 겸직의 자유(헌재 95헌

마90), 경쟁의 자유(헌재 96헌가18)가 인정된다.

③ 직업 전직 및 이탈의 자유

영업을 그만두는 것은 직업의 자유에 해당하지만 영업을 양도·이전하는 것은 직업의 자유가 아니라 재산권의 내용에 해당한다.

(2) 제한의 한계(이중적 한계)

① 단계이론[독일헌법재판소의 단계이론(약국판결)]: 우리 헌재는 "직업결정의 자유나 전직의 자유에 비하여 직업종사(직업수행)의 자유에 대하여는 상대적으로 더욱 넓은 법률상의 제한이 가능하다"고 판시하여(당구장사건, 헌재 92헌마80) 독일헌법재판소의 단계이론(약국판결)을 수용하였다고 본다.

㉠ 직업수행(행사)의 자유의 제한(제1단계)

직업결정의 자유를 전제로, 다만 영업행위(직업행사)의 일부(영업시간, 영업방법 등)를 제한하는 경우로서 주유소의 휴일 영업제한, 택시의 격일제 영업제한, 백화점의 바겐세일 횟수제한, 유흥업소의 영업시간제한 등이 속한다. 직업결정의 자유에 비하여 직업수행의 자유에 대하여는 규제의 폭이 넓다(92헌마264).

㉡ 주관적 사유에 의한 직업결정의 자유의 제한(제2단계)

직업의 성질상 일정한 기술성·전문성 등이 필요한 경우에 직업수행에 필요한 기본권 주체의 주관적 사유(자격)에 의한 제한을 말한다. 법조인, 의료인에 일정한 국가시험의 합격 요구, 택시기사직업에 1종면허 요구 등이 해당한다. 기본권주체의 노력 여하에 따라 극복가능하다.

㉢ 객관적 사유에 의한 직업결정의 자유의 제한(제3단계)

기본권의 주체와는 무관한 객관적 사유(국가안전보장, 질서유지, 공공복리 등)를 이유로 하는 제한을 말한다. 영업의 적정분포(거리제한), 기존업체 보호(동종 신규영업불허) 등이 해당한다. 기본권주체의 노력과는 무관하게 극복이 곤란하며 직업의 자유를 침해할 가능성이 크므로 엄격히 제한적으로 하여야 한다. 객관적 사유에 의한 제한은 직업의 자유에 대한 제한 중에서도 가장 심각한 제약이므로 엄격한 비례의 원칙이 그 심사척도가 된다(헌재 2002.4.25, 2001헌마614).

4. 재산권

(1) 재산권 보장의 법적 성격

① 제23조 제1항

재산권이라는 권리와 사유재산제도라는 제도보장을 함께 보장하는 것으로 본다(헌재 92헌바20). 재산권 내용과 한계는 법률로 정하는데, 이때 법률의 뜻을 형성적 법률유보로 보고 있다(헌재 92헌바20).

② 제23조 제2항

재산권 행사의 헌법적 한계를 정한 규정이다. 재산권의 공공복리 적합성의 사회적 구속성을 명문화한 헌법적 원리이다. 즉 재산권 행사의 헌법상의 의무로 본다(헌재 88헌가13).

③ 제23조 제3항

공공필요에 의한 수용·사용·제한시 법률로 하며 정당보상을 하여야 한다.

(2) 재산권 보장(제23조 제1항)

민법상의 물권·채권·상속권, 특별법상의 광업권·어업권·수렵권 등은 재산권에 포함된다. 즉, 공·사법상의 경제적 가치가 있는 모든 권리이므로 민법상 소유권보다 범위가 넓은 개념이다. 공법상 공무원의 봉급청구권·연금청구권이나 국가유공자의 생활조정수당청구권 등 자신의 노력·업적에 대한 대가로서의 성질이 강하거나 자신 또는 가족의 특별한 희생으로 얻어진 보상적 성질의 권리와 상속권(헌재 96헌가22 병합)도 재산권에 포함된다. 또한 정당한 지목을 등록함으로써 토지소유자가 누리게 될 이익(헌재 97헌마315), 관행에 의한 입어권(헌재 97헌바76 병합), 공용수용의 정당화사유가 소멸되었을 때 발생하는 환매권(헌재 92헌가15)도 재산권에 포함된다. 그러나 약사의 한약조제권(헌재 97헌바10), 우선매수권(헌재 97헌마87)은 재산권에 포함되지 않는다고 하고 있으며 국가배상청구권은 재산권이 아니라 재산적 가치 있는 청구권이라고 하면서 재산권과 구별하고 있다.

5. 주거의 자유

(1) 개념

주거의 자유란 개인의 기본적인 생활공간을 보장하여 그 공간에서 안식할 수 있는 권리를 말한다. 사람은 누구나 편안하게 쉴 수 있는 자신만의 생활공간을 갖기 원한다. 주거의 자유는 자신의 생활공간인 주거가 부당하게 침해당하지 않을 권리로서, 자기만의 생활공간에 타인이 출입하는 것을 금한다.

(2) 주체

주거의 자유의 향유 주체는 모든 국민과 외국인이다. 성질상 법인은 주체가 될 수 없다. 주택의 경우 가족구성원 모두가 주거의 자유의 주체가 된다. 학교나 공장과 같은 복합시설물의 경우에는 원칙적으로 생활공간의 관리자인 교장이나 공장장이 주체가 된다.

(3) 주거의 불가침

① 주거

주거란 거주하기 위하여 점유하고 있는 일체의 공간적인 생활 영역을 말한다. 실제 거주 여부를 불문하며 반드시 주택이어야 하는 것도 아니다.

② 불가침

불가침이란 사적 생활공간이 권원 없이 침해되지 않는다는 것을 말한다. 침해란 거주자의 동의 없이 주거에 침입하거나 그 의사에 반하여 주거에 머무는 것이다. 거주자의 동의가 있는 경우에는 면책되지만 거주자의 동의가 있었다 하여도 동의는 언제든지 철회할 수 있다.

6. 사생활의 비밀과 자유

(1) 개념

사생활의 비밀과 자유란 자기만의 비밀이 부당하게 공개당하지 않고 자신의 삶을 자율적으로 영위할 수 있는 자유를 말한다. 사생활이란 시대와 장소에 따라 변화되는 상황적 개념으로, 다의적이며 포괄적이고 주관적이다. 또한 사생활은 개인의 인격·개성·동일성 실현을 위한 자율 영역으로, 내적으로 차단된 활동 영역이다. 이러한 영역에 대한 보호 없이 인간의 존엄과 행복은 불가능하다.

(2) 법적 성격

사생활의 비밀은 일반적 인격권의 내용과 중복될 수 있다. 또한 사생활의 자유는 일반적 행동자유권과 보호 영역에서 중복될 수 있다. 소극적·방어적 성격의 자유권의 일종으로 시작되었으나 오늘날 자기정보통제권과 관련하여 적극적 권리로서 청구권적 성격도 있다.

(3) 주체

① 인간의 권리(내·외국인 포함)로서 자연인에 해당하나, 사자(死者)는

원칙적으로 적용이 되지 않지만 사자의 사생활 비밀침해가 사자와 관계있는 생존자의 권리를 침해할 경우 생존자에 관해서 문제가 된다.

② **법인, 권리능력 없는 사단:** 법인은 원칙적으로 그 주체가 될 수 없으나 법인의 명칭, 상호 등 기타 표지가 타인에 의해 영업적으로 이용되는 경우, 타인에 의하여 침해되는 경우에는 권리의 침해가 될 수 있다.

(4) 내용

① 사생활의 비밀의 불가침

비밀유지에 관한 권리, 개인에 관한 난처한 사적 사항의 공개금지, 대중에게 오해를 낳게 하는 공표금지, 인격적 징표의 영리적 이용금지(초상게재권 : Right of Publicity)가 해당한다.

② 사생활의 자유의 불가침

사생활의 자유로운 형성과 유지의 불가침과 사생활 평온의 불가침이 보장된다.

③ 개인정보통제권

협의로는 자기에 대한 정보를 열람, 정정, 사용중지, 삭제 등을 요구할 수 있는 권리를 말하고, 광의로는 자기정보 수집·분석, 처리배제청구권과 이의신청권, 손해배상청구권을 포함한다.

7. 통신의 자유

(1) 개념

통신의 자유란 자유로운 통신의 보장과 통신비밀의 불가침을 그 내용으로 한다. 통신비밀의 불가침이란 개인이 자신의 의사를 전달하고 교환할 때 그 내용 등이 본인의 의사에 반하여 열람되거나 공개되지 않을 자유를 말한다.

(2) 법적 성격

통신의 자유는 통신 그 자체를 보호하지만 통신을 매개로 한 사생활의 내용과 비밀도 보호한다. 통신행위에 의해 의사형성이 이루어진다는 점에서 통신의 자유는 표현의 자유의 기초가 된다. 표현은 자신의 의사를 외부에 적극적으로 알리는 것을 보호하지만 통신은 의사표시의 내용과 비밀을 대내적으로 보장한다는 점에 차이가 있다.

(3) 주체

통신의 자유의 향유주체는 국민과 법인이며, 외국인도 주체가 될 수 있다. 우편물의 경우 발송인과 수취인이, 전기통신의 경우 송수신인 모두가 주체가 된다. 운송기업도 부분적이긴 하나 통신의 비밀의 보호를 받는다. 수형자도 주체가 된다.

(4) 내용

① 통신

통신이란 격지자 간의 의사나 정보의 전달을 의미한다. 통신은 우편물과 전화·전자우편·전신·팩스 등의 전기통신을 말하며, 물품의 수수를 포함한다.

② 비밀

통신의 비밀이란 신서, 전신, 그 밖의 우편물들의 통신의 내용과 통신의 형태, 당사자, 배달방법, 전달자, 배달과 관련된 모든 자료를 말하며, 비밀성 유무를 불문한다.

③ 통신의 불가침

통신의 불가침이란 통신에 대한 열람을 금하며 지득한 통신을 누설하지 않음을 말한다. 신서, 전신, 그 밖의 우편물, 이메일 등 통신수단이 당사자의 의사에 반하여 개봉되거나 열람되는 것이 금지된다.

8. 양심의 자유

(1) 개념

양심의 의의: 제19조의 양심은 세계관, 인생관, 주의, 신조 등은 물론 이에 이르지 아니하여도 보다 널리 개인의 인격형성에 관계된 내심에 있어서의 가치적·윤리적 판단까지도 포함한다고 한다(헌재 89헌마160). 그러나 단순한 사실에 관한 지식이나 기술적 지식은 포함되지 아니한다.

(2) 주체

① 자연인

양심의 자유는 자연인만이 그 주체가 될 수 있다(통설). 헌법 제19조는 모든 국민이라고 규정하고 있지만 외국인도 양심의 자유를 향유할 수 있다. 양심의 자유는 인류보편의 원리이기 때문이다.

② 법인

헌재의 견해에 따르면 "우리 헌법이 보호하고자 하는 정신적 기본권의 하나인 양심의 자유의 제약(법인의 경우라면 그 대표자에게 양심표명의 강제를 요구하는 결과가 됨)이라고 보지 않을 수 없다"(헌재 1991.4.1, 89헌마160)고 하여 법인에 대해서는 부정적이다.

(3) 내용

① 양심결정(형성)의 자유

양심결정의 자유란 자신의 판단에 따라 사물의 옳고 그름을 판단하는 자유를 의미한다. 따라서 국가가 개인의 양심결정을 방해하거나 특정의 양심을 강요하는 것은 양심의 자유의 침해가 된다. 다수의 양심이 소수를 억압하고 다수의 결정에 따르도록 하는 양심의 다수화의 금지가 중요하다.

② 양심유지의 자유 = 침묵의 자유(통설)

침묵의 자유·양심유지의 자유란 자신의 양심을 언어에 의하여 표명하도록 강제당하지 않을 자유를 말한다. 이 침묵의 자유로부터 양심추지의 금지와 양심에 반(反)하는 행위의 강제금지가 파생한다(다수설, 헌재 89헌마160).

9. 종교의 자유

(1) 개념

자기가 원하는 종교를 자기가 원하는 방법으로 신앙할 수 있는 자유를 말한다. 신앙이란 신이나 초자연적인 존재의 힘에 대한 믿음과 숭배를 말한다. 기존의 전통적인 교리와 다른 신앙적 확신도 보호되기에 소수종파·신흥종파 모두 신앙의 자유를 원용할 수 있다.

(2) 주체

① 외국인을 포함한 자연인은 종교의 자유의 주체가 된다. 미성년자도 주체가 되나 태아는 될 수 없다.

② 법인은 신앙의 자유의 주체가 될 수 없으나 선교의 자유, 예배의 자유 등 신앙실행의 자유가 인정된다.

(3) 내용

① 협의의 신앙의 자유

㉠ 종교를 믿을 자유, 종교를 안 믿을 자유, 종교를 선택·변경·포기할 자유, 신앙 또는 불신앙으로 불이익을 받지 않을 자유를 포함한다. 공직취임시 특정 종교의 신앙을 취임조건으로 하는 것은 인정되지 않으나 국법질서, 국가에 대한 충성을 요구하는 것은 허용된다.

ⓛ 법률로도 제한할 수 없는 절대적 자유이다.

② 종교적 행위의 자유

종교의식(예배·독경·기도)의 자유와 종교선전(자기종교선전과 타종교 비판의 자유와 개종의 자유)의 자유가 있으며, 종교단체가 설립한 학교가 예배시간을 갖는 것은 허용될 수 있으나 우리나라 중·고등학교의 경우 학교배정이 학생의사와 상관없이 거주지별로 결정되므로 대체수단 없이 종교교육을 강제하는 것은 소극적 종교의 자유 침해로 볼 수 있다.

③ 종교교육의 자유

국·공립학교의 특정한 종교교육은 정교분리의 원칙에 따라 금지된다. 그러나 일반적인 종교교육을 하는 것은 허용될 수 있다. 종교학교의 특정 종교교육의 자유는 인정된다.

④ 종교적 집회·결사의 자유

종교목적의 집회·결사는 일반 집회·결사의 자유(제21조 제1항) 조항에 의해 보장되는 것이 아니라 종교의 자유(제20조)의 한 내용으로 보장되므로 일반 집회·결사에 비해 고도의 특별한 보호를 받는다.

10. 언론·출판의 자유

(1) 내용

① 의사표현·전달의 자유

의사표현의 자유란 자기의 사상이나 의견의 자유로운 표명과 그것을 전파할 자유를 의미한다.

상징적 표현 등 비언어적 매체나 행동에 의한 표현: 비언어적 매체에 의한 표현이나 행위에 의한 사상의 전달을 의미하는 것(피케팅, 리본에 의한 항의표시 등)으로, 표현의 자유로 보호된다. 한편 음반·비디오물(헌재

91헌바17), 옥외광고물(헌재 96헌바2등)도 표현의 자유에 포함된다고 본다.

② 알권리(정보의 자유)

㉠ 의의: 일반적으로 접근할 수 있는 모든 정보원으로부터 의사형성에 필요한 정보를 수집, 취사, 선택할 수 있는 권리를 말한다.

㉡ 알권리의 헌법적 근거: 명문 규정은 없지만 직접적으로는 헌법 제21조, 보충적으로 제10조(통설·헌재)에 근거한다. 헌재는 초기의 판례 등에서는 헌법 제21조 외에 제10조 등을 그 근거로 들다가 그 후에는 주로 헌법 제21조를 그 근거로 들고 있다.

㉢ 알권리의 법적 성격

ⓐ 복합적 성격: 헌재는 소극적으로 국가의 방해배제를 요구하는 자유권적 성격과, 적극적으로 국가의 정보공개를 요구하는 청구권적 성격(정보공개청구권)을 가지며 현대사회가 고도의 정보화 사회로 이행해감에 따라 생활권적 성격도 띠게 된다(헌재 90헌마133).

ⓑ 구체적 권리성: 헌재는 기록등사신청에 대한 헌법소원에서 알권리의 실현을 위한 법률이 제정되어 있지 않다고 하더라도 그 실현이 불가능한 것이 아니라 헌법 제21조에 의하여 직접 보장될 수 있다고 보아 알권리의 구체적 권리성을 인정하고 있다(헌재 90헌마133).

㉣ 알권리의 내용

ⓐ 정보수집권과 방해배제청구권: 국민 개인 또는 언론기관이 정보수집에 있어 헌법과 법률에 의하지 아니하고는 국가권력의 방해를 받지 않을 권리를 말한다.

ⓑ 정보공개청구권: 국가기관이 가지고 있는 정보자료의 공개를 요구할 수 있는 권리를 갖는다. 헌재는 형사피고인이었던 자가 자신의 소송기록의 열람·복사요구를 알권리로 인정한다(헌재 90헌마133).

③ 액세스권

㉠ 의의: 액세스(Access)권은 광의로는 자신의 의사표현을 위해 언론

매체에 자유로운 접근, 이용권을 말하고 협의로는 반론을 요구할 수 있는 반론권을 의미한다. 광의의 개념에는 반론권이 액세스권에 포함된다고 본다.

ⓒ 액세스권의 헌법적 근거: 헌법 제21조 제4항을 근거로 드는 견해도 있으나 제21조 제1항 언론·출판의 자유를 기본으로 하여 국민주권의 원리(제1조 제2항), 행복추구권(제10조), 인간다운 생활을 할 권리(제34조 제1항)에서 찾음이 타당하다.

11. 집회 · 결사의 자유

(1) 내용

① 집회의 자유

㉠ 집회의 개념

집회의 자유란 다수인이 공동의 목적을 가지고 일시적으로 모이는 자유를 말한다. 다수의 집단적 의사표명을 보장한다는 점에서 개별적 의사표명을 보호하는 언론·출판의 자유와는 구별된다.

㉡ 집회에 집단적 시위 · 행진 포함의 여부

집단적 시위·행진은 '움직이는 집회'로서 집단적 사상표현의 한 형태에 불과하므로 집회의 개념에 포함된다고 한다(통설, 헌재 89헌가8).

㉢ 법적 성격

집회의 자유는 공권력으로부터 집회의 개최나 참가를 방해받지 않는 방어권의 성격을 지닌다. 동시에 집회의 자유는 집단적 의사표명을 통해 여론을 형성한다는 점에서 민주적 공동체가 기능하기 위한 불가결의 구성요소의 성격을 지닌다.

② 결사의 자유

㉠ 결사의 개념

결사의 개념적 요소에는 결합, 계속성, 자발성, 조직적 의사에의 복종이 있다. 계속성은 영구성·항구성을 뜻하는 것은 아니고 일시적이 아닌 한 일정기간 존속을 위한, 잠정적 목적을 위한 결사도 결사의 자유로 보호된다. 자발성이 있어야 하므로 공법상 결사가 강제되는 대한변호사협회·대한의사협회는 헌법 제21조에서 보호되지 않는다. 결사는 2인 이상의 구성원이 결합하면 족하고, 구성원이 타구성원을 알 필요는 없다. 따라서 1인 결사는 결사의 자유에서 보호되지 않는다.

㉡ 내용

결사의 자유는 적극적으로는 단체결성의 자유, 단체존속·활동의 자유, 단체의 가입 및 탈퇴의 자유 등이 있고, 소극적으로는 기존의 단체로부터 탈퇴할 자유와 결사에 가입하지 아니할 자유를 내용으로 한다(헌재 92헌바47).

원래 결사는 정치적 결사였으나 최근에는 정치적 목적이 아닌 영리적 목적을 위한 영리적 단체(약사법인)도 결사의 자유에서 보호된다(헌재 2000헌바84).

12. 학문의 자유

(1) 주체

교수, 연구원만이 아니라 내·외국 모두가 학문의 자유의 주체가 된다. 대학, 연구단체 등 법인도 학문의 자유의 주체가 될 수 있다. 그러나 교수의 자유는 대학교 이상의 교육기관의 교수만이 주체가 된다.

(2) 내용

① 학문 연구의 자유: 연구의 자유란 연구과제, 방법, 조사, 실험을

위한 장소 등을 연구자가 임의로 선택·시행할 수 있는 자유이다. 학문의 자유에서 본질적 부분으로 법률로도 제한할 수 없는 절대적 자유권으로 보는 설이 다수설이다.

② **연구 발표의 자유:** 법률로 제한가능하다(대판 67다591).

③ **교수(강학)의 자유:** 대학, 고등교육기관 등에 종사하는 교육자에 한정되므로 중·고등학교에서는 교육의 자유가 인정될 뿐 교수(강학)의 자유는 인정되지 않는다고 한다. 헌법재판소도 교수의 자유와 교육의 자유는 다르다고 하였다. 이러한 교육의 자유는 학문연구의 자유와 학문연구 결과 발표의 자유와는 구별되는 것으로 교육내용·방법·교과목에 대하여 상당한 법적 통제를 받는다.

④ **학문을 위한 집회 · 결사의 자유:** 일반 집회·결사의 자유보다 더 많은 보호를 받는다.

13. 예술의 자유

(1) 개념

예술은 '주관적 미적 체험'을 여러 수단매체를 통하여 창조적·개성적으로 외부에 표현하는 자율적 활동을 말한다. 표현의 자유와 구별되는 독자적 기본권으로서의 예술의 자유의 특성은 예술은 자기목적적 성질이 강하다는 것과 예술작품은 전달보다는 표현에 중점이 주어진다는 것이다.

(2) 주체

① 예술가뿐만 아니라 모든 인간에게 보장되는 자유이다.

② 극장, 박물관, 미술관, 교향악단은 그 자체로는 예술의 자유의 주체라고 할 수 없고 그 구성원이 예술의 자유의 주체라는 견해와, 법인인 예술단체는 그 주체가 되나 법인이 아닌 예술단체의 경우에는 예술가 개

개인이 그 주체가 된다는 견해, 법인 등 단체도 예술의 자유의 주체가 된다는 견해로 나뉘고 있다.

(3) 내용

① 예술창작의 자유

㉠ 창작소재, 창작형태, 창작과정 등에 대한 임의로운 결정권이 포함된다.

㉡ 상업광고물은 그 자체가 목적이 아닌 수단이나 도구로서 행해지므로 예술창작의 자유에서 보호받지 못한다고 할 것이다. 또한 단순히 기능적인 요리, 수공업은 예술창작의 자유에 포함되지 않는다.

② 예술표현(공연, 전시, 보급)의 자유

㉠ 음반제작자에게도 예술품 보급의 자유가 인정된다(헌재 91헌바17). 예술표현의 자유에는 국가기관에 대해 예술작품을 전시, 공연, 선전, 보급해줄 것을 요구할 권리는 내포되지 않는다.

㉡ 예술품의 경제적 활용은 예술의 자유가 아니라, 재산권에 의해 보호된다.

㉢ 예술비평은 예술의 자유에 포함되지 아니하고 일반적인 표현의 자유에 의해 보호된다.

제3절 정치적 기본권

1. 선거권

(1) 개념

선거권이란 선거인단의 구성원으로서 국민이 각종 공무원을 선출하는 권리를 말한다. 선거는 국가권력을 창설하고, 국가권력행사를 통제하며, 국가권력에 정당성을 부여하는 기능을 한다. 또한 국민의 의사를 체계적으로 결집하고 수렴하며 구체화시켜준다.

(2) 주체

만 18세 이상의 국민은 선거권의 주체가 된다(공직선거법 제15조). 외국인은 제외된다. 과거 헌재결정에서는 선거권 연령을 공무담임권의 연령인 18세와 달리 20세로 규정한 것은 입법부에 주어진 합리적인 재량의 범위를 벗어난 것으로 볼 수 없다고 하였다. 그러므로 공직선거법 제15조는 선거권이나 평등권을 침해하지 않는다고 하였다.

2. 공무담임권

(1) 의의

공무담임권이란 공무를 담당할 수 있는 자격을 말한다. 공무는 선출된 공직자가 담당하는 공무와 기타 공직자의 공무로 나눌 수 있다. 공무담임권은 선거로 선출되는 공직에 입후보할 수 있는 자격(피선거권)과 기타 공직에 취임할 수 있는 공직취임권을 말한다.

(2) 내용

① 피선거권

피선거권은 선거에 입후보하여 당선을 기초로 공무원이 될 수 있는 권리를 말한다. 즉, 선거에 후보자로 출마할 수 있는 자격이다. 피선거권은 보통 연령이나 거주요건과 연결되어 있다. 대통령의 피선거요건은 만 40세, 국회의원은 만 18세, 지방의회의원 및 지방자치단체의 장은 만 18세이다.

② 공직취임권

모든 국민은 선거직 이외의 공직에 취임할 수 있는 협의의 공무담임권, 즉 공직취임권을 가진다. 공직취임권은 법률이 정하는 바에 따라 시험에 합격하거나 기타 임명에 필요한 제 자격을 구비하여야 한다. 공직취임권의 보장은 모든 국민에게 평등하게 공직취임의 기회를 부여함에 있다.

3. 국민투표권

(1) 개념

국민표결권이란 국민이 국가의사형성에 직접 참가할 수 있는 권리를 말한다. 국민표결권은 모든 형태의 국민의 직접적인 의사형성, 예를 들어 국민투표, 신임투표, 국민발안, 국민거부, 국민소환 등을 모두 포괄한다. 통상 국민표결권은 국민의 직접 입법인 국민발안, 대표자에 대한 해직인 국민소환, 중요정책에 대한 국민투표로 대별된다.

(2) 우리 헌법상 인정되는 국민투표권

헌법개정안(헌법 제130조 제2항), 외교·국방·통일 기타 국가안위에 관한 중요정책(헌법 제72조)의 경우에 국민투표를 인정하고 있는데, 전자는 필수적이고 후자는 임의적이다.

헌법 제72조의 국가안위에 관한 중요정책의 국민투표 대상에 헌법개정안을 포함시키는 것은 헌법개정의 절차로 헌법 제130조를 둔 취지에 위반되어 허용될 수 없다는 헌재결정이 있다.

제4절 청구권적 기본권

1. 청원권

(1) 개념

청원권이란 국가기관에 대하여 자신의 희망이나 고통을 진술하고 그 시정을 요구하는 권리를 말한다. 청원권은 절차적 기본권이므로 실체적 권리의 내용을 보장하는 것은 아니다. 청원의 처리를 요구할 수 있는 권리일 뿐이다. 청원은 내용과 형식에 구애받지 않으나 적어도 무엇을 요청한다는 것이 포함되어야 한다. 요청의 의미가 없는 통지나 비난은 청원에 속하지 않는다.

(2) 주체

① 자연인(내·외국인과 법인)은 해당된다. 단, 공법인은 해당되지 않는다.

② 특별권력관계에 있는 자(공무원, 군인, 수형자 등)도 해당된다. 단, 제한이 있다. 직무에 관련된 청원과 집단적 청원은 할 수 없다.

(3) 청원내용

① 청원사항(청원법 제4조)

피해의 구제, 공무원의 위법·부당한 행위에 대한 시정이나 징계의 요구, 법률·명령·조례·규칙 등의 제정·개정 또는 폐지, 공공의 제도 또는 시설의 운영, 그 밖에 국가기관 등의 권한에 속하는 사항.

② 국가기관의 심사 및 통지를 받을 권리

청원은 청원의 내용이 국가기관에 의해 실질적으로 심사될 수 있어야 한다. 이를 보장하기 위해 헌법은 청원을 수리하고 심사할 의무를 규정하고 있고, 청원법은 더 나아가 처리결과를 청원인에게 통지할 의무까지 규정하고 있다.

2. 재판청구권

(1) 개념

재판청구권이란 국가에 대하여 재판을 청구할 권리를 말한다. 모든 국민은 법적 분쟁이 발생한 경우 독립된 법원에 의한 공정하고 신속한 재판을 받을 권리를 가진다. 재판청구권은 청구권으로서 다른 기본권을 보장해 주기 위한 절차적 기본권이다.

(2) 주체

재판청구권은 침해된 기본권을 구제하는 절차적 성격을 지니므로 기본권을 향유할 수 있는 모든 자가 주체가 된다. 따라서 국민은 물론 외국인과 법인에게도 보장된다.

(3) 내용

① 헌법과 법률이 정한 법관에 의한 재판을 받을 권리(제27조 제1항)

㉠ 헌법과 법률이 정한 법관에 의하여 재판을 받을 권리라 함은 헌법과 법률이 정한 자격·절차에 의하여 임명되고(제104조, 법원조직법 제41조 내지 제43조), 물적 독립(제103조)과 인적독립(제106조, 법원조직법 제46조)이 보장된 법관에 의한 재판을 받을 권리를 의미하는 것이라 봄이 상당할 것이다(헌재 90헌바25).

㉡ 법관에 의한 재판을 받을 권리라 함은 결국 법관이 사실을 확정하고 법률을 해석·적용하는 재판을 받을 권리를 보장한다는 뜻이고, 그와 같은 법관에 의한 사실확정과 법률의 해석적용의 기회에 접근하기 어

렵도록 제약이나 장벽을 쌓아서는 아니 된다고 할 것이며, 만일 그러한 보장이 제대로 이루어지지 아니한다면 헌법상 보장된 재판을 받을 권리의 본질적 내용을 침해하는 것으로 헌법상 허용되지 않는다(헌재 92헌가11 ; 93헌가8, 9, 10 병합).

② 재판을 받을 권리

각종 재판을 받을 권리로 민사, 형사, 행정, 헌법재판청구권이 있다. 군인 또는 군무원이 아닌 국민은 원칙적으로 군사법원의 재판을 받지 아니한다(제27조 제2항).

대법원의 재판을 받을 권리에 대하여 헌재는 소액사건심판법에 의한 상고제한(헌재 90헌바25), 소송촉진 등에 관한 특례법에 의한 상고허가제(헌재 90헌바1), 상고심절차에 관한 특례법상의 심리불속행제도(헌재 97헌바37등) 등의 상고제한규정에 대하여 일관되게 합헌결정하였다.

3. 형사보상청구권

(1) 연혁

형사보상청구권은 1849년 독일의 프랑크프르트 헌법이 그 효시를 이룬다. 우리나라는 건국헌법에서 규정한 이래 지금까지 이어져 내려오고 있다. 건국헌법은 구금된 형사피고인이 무죄판결을 받은 경우에 한하여 인정되었는데, 현행 헌법은 형사피의자에게도 이를 인정하여 형사보상청구권을 확대보장하고 있다.

(2) 개념

형사보상청구권이란 형사피의자 또는 형사피고인으로 구금되었던 자가 불기소처분이나 무죄판결을 받은 경우에 그가 입은 정신적·물질적 피해에 대한 정당한 보상을 청구할 수 있는 권리를 말한다. 형사보상은 적법한 형사사법권에 기한 피해를 정의의 관점에서 보상해 주는 것이어서 형사사법권의 자의적인 체포나 구금 등에 의해 피해가 발생한 경우 이를 전보해주는 국가배상과는 구별된다.

(3) 주체

형사피의자와 형사피고인이 주체가 된다. 형사피의자란 범죄의 혐의가 있다고 인정되나 기소단계에 이르지 아니한 자를 말하며, 형사피고인이란 검사에 의하여 공소제기를 받은 자를 말한다. 외국인에게도 보장된다. 청구권자가 사망한 때에는 상속인이 청구할 수 있다.

(4) 내용

형사보상청구권은 구금된 형사피의자가 법률이 정하는 불기소처분을 받거나(피의자보상) 구금된 형사피고인이 무죄재판을 받은 때(피고인보상)에 발생한다.

4. 국가배상청구권

(1) 연혁

우리 헌법은 건국헌법부터 국가배상책임을 규정하였고, 제4공화국 헌법에서 군인의 이중배상을 금지한 조항을 헌법에 추가하였으며, 이 규정이 그대로 유지되어 현행헌법까지 이어지고 있다.

(2) 개념

국가배상청구권이란 공무원의 직무상 불법행위로 손해를 입은 국민이 국가나 공공단체에 손해배상을 청구할 수 있는 권리를 말한다. 국가배상청구는 국가무책임원칙을 포기할 때 가능하게 되며, 위법한 국가작용으로 인한 피해를 국가가 책임짐으로써 법치국가실현에 기여한다. 국가배상 청구는 적법한 공권력행사로 인한 피해를 국가가 보상해주는 손실보상과 는 구별된다.

(3) 주체

국가배상청구권의 향유주체는 국민이다. 외국인은 상호보증이 있는 때에 한하여 그 주체가 된다. 법인도 향유한다. 헌법과 국가배상법은 군 인, 군무원, 경찰공무원, 향토예비군대원에게 국가배상청구권을 부정하고 있다.

(4) 국가배상책임의 본질

① 대위책임설: 국가배상책임은 국가가 피해자 구제를 위해 공무원을 대신하여 부담하는 책임으로 본다.

② 자기책임설(다수설): 국가의 배상책임은 국가가 공무원의 책임을 대신 지는 것이 아니라 기관의 행위를 통해 지는 자기책임이라고 한다.

③ 절충설: 공무원의 위법행위가 고의나 중과실에 기한 경우에는 기 관행위로 볼 수 없으므로 대위책임이나 경과실에 의한 경우에는 자기책임 으로 본다(대판 95다38677).

(5) 국가배상의 유형

공무원의 직무집행행위에 의한 것(국가배상법 제2조)과 영조물의 설치·관리의 하자에 의한 것(국가배상법 제5조)이 있다.

5. 범죄피해구조청구권

(1) 연혁

범죄피해자에 대한 구조와 보호에 관한 미국, 독일, 일본 등 각국의 태도는 일반적으로 법률적 차원에서 이루어지고 있다. 한편 우리나라는 범죄피해자의 구조청구를 헌법상의 기본권으로 보장하고 있다. 피해자에 대한 국가의 관심은 현행 헌법에서 처음으로 등장하였다. 피해자에 대한 경제적 및 정신·심리적 지원과 구조를 위해 범죄피해자 보호법이 제정되어 있다.

(2) 개념

범죄피해자의 구조청구권이란 타인의 범죄행위로 생명을 잃거나 신체에 대한 피해를 입은 국민이나 유가족이 가해자로부터 충분한 배상을 받지 못하는 경우에 국가에 대하여 구조를 청구할 수 있는 권리를 말한다. 범죄피해자에 대한 보호는 국가가 범죄를 사전에 예방하지 못한 것에 대하여 책임지는 식이며 범죄로 인한 피해를 사회구성원에게 분담시키는 사회보장의 성격을 지닌다.

(3) 주체

범죄피해자구조청구는 사망한 경우에는 유족이, 장해 또는 중상해를 입은 경우에는 본인이 주체가 된다. 유족은 배우자, 직계친족, 형제자매이다. 범죄피해 방지 및 범죄피해자 구조활동으로 피해를 당한 사람도 범죄피해자로 본다. 외국인은 상호보증이 있는 때에 한하여 그 주체가 될 수 있다. 피해자구조청구는 대한민국 주권이 미치는 영역 내에서 발생한 범죄로 인한 피해자만이 주체가 될 수 있다(범죄피해자 보호법 제3조).

(4) 행사(보조금의 지급신청)

사망자의 유가족(유족구조금)이나 피해자(장해구조금)는 주소지, 거주지 또는 범죄발생지를 관할하는 지구심의회에 신청한다(범죄피해자 보호법 제25조). 구조금의 지급신청은 범죄피해의 발생을 안 날로부터 3년, 또는 당해 범죄피해가 발생할 날로부터 10년 이내에 하여야 한다. 구조금의 지급을 받을 권리(구조금수령권)는 양도·압류·담보로 제공할 수 없으며, 구조금지급결정이 신청인에게 송달된 날로부터 2년간 행사하지 않으면 시효로 소멸한다.

제5절 사회적 기본권

1. 교육을 받을 권리

(1) 개념

교육을 받을 권리란 개인의 능력에 따라 균등한 교육을 받을 권리(수학권, 학습권)를 말한다, 즉 국가에 대하여 능력과 적성에 맞는 교육을 받을 수 있도록 교육에 필요한 제 조건을 마련해 줄 것을 요구할 수 있는 권리이다. 교육을 받을 권리는 부모가 미성년자인 자녀에게 교육을 시킬 권한, 즉 부모의 교육권을 포함한다. 부모의 교육권은 자녀에게 적절한 교육의 기회를 제공해 줄 것을 요구할 수 있는 교육기회제공청구권을 보장한다. 반면 교육을 받을 권리는 교사의 교육권(수업권)을 보장하지는 않는다.

(2) 내용

① 능력에 따라 균등하게 교육을 받을 권리

㉠ 능력에 따라: '능력에 따라'라고 함은 정신적·육체적 능력을 말하므로 능력에 따른 차별은 가능하나, 그 외의 재산·성별·가정에 의한 차별은 할 수 없다.

㉡ 교육을 받을 권리: '교육'이란 광의의 교육(가정·학교·사회·평생교육)을 말하며 학교교육이 중심이 된다. '받을 권리'란 국민의 학습권(수학권)으로, 교육을 하거나 시킬 권리(교육권)는 이에 해당되지 않는다.

② 무상의 의무교육제도

㉠ 의무교육

모든 국민은 그 보호하는 자녀에게 적어도 초등교육과 법률이 정하는 교육을 받게 할 의무를 진다. 의무교육제도는 국민의 교육을 받을 권리를 뒷받침하기 위한 헌법상의 교육기본권에 부수되는 제도보장이다. 교육을 받게 할 의무는 학령아동의 친권자 또는 후견인이 부담한다. 현재는 중학교까지 의무교육이 시행되고 있다(교육기본법 제8조).

㉡ 의무교육의 무상

헌법은 의무교육의 실효성 증대를 위해 의무교육을 무상으로 하도록 규정하고 있다. 무상의 범위에 관하여 무상범위법정설, 취학필요비무상설, 수업료면제설이 대립하나, 국가는 재정이 허락하는 한 학용품을 포함하여 급식의 무상까지 실시해야 한다는 취학필요비무상설이 타당하다(다수설). 의무교육은 경제적 차별 없이 수학하는 데 반드시 필요한 비용을 부담시키지 않아야 한다.

③ 평생교육의 진흥

학교교육, 가정교육, 사회교육 등 모든 교육을 포함한다. 단, 현행 헌법 규정상 평생교육과 학교교육을 구별하고 있으므로 학교교육은 평생교육에서 제외된다.

④ 교육제도 등의 법률주의

헌법은 교육제도와 그 운용, 교육재정 및 교원의 지위에 관한 기본적인 사항은 법률로 정하도록 하여 교육제도 등의 법률주의를 규정하고 있다. 이는 교육의 물적 기반인 교육제도와 인적 기반인 교원의 지위를 법률로 정하도록 함으로써 교육의 실효성을 확보하고자 함이다.

2. 근로의 권리

(1) 개념

근로의 권리란 국가에 대하여 근로의 기회를 얻을 수 있도록 요구할 수 있는 권리를 말한다. 근로란 일정한 질적 내용을 담보하는 일정 수준 이상의 고용이어야 한다. 근로의 권리는 근로관계를 계속 유지하고 부당하게 해고당하지 않을 권리를 보장한다.

(2) 주체

자연인인 국민은 근로의 권리의 주체가 된다. 현재 근로관계에 있는 국민 이외에 실업자, 해고자 등의 미취업자와 같이 근로계약관계를 예상하는 자도 주체가 된다. 외국인은 근로의 권리가 국민의 권리이기 때문에 권리가 보장되지 아니한다. 법인은 직업의 자유의 주체가 될 수는 있으나 근로의 권리의 주체가 될 수는 없다. 노동조합은 근로의 권리의 주체가 될 수 없다.

• 외국인에게는 근로의 권리의 본래적 내용, 즉 국가에 대하여 근로기회의 제공을 청구할 권리는 당연히 인정되지 아니한다. 그러나 불법체류 외국인근로자도 근로계약에 의해 근로를 제공하고 있다면 근로기준법상의 근로자에 해당하므로 외국인근로자의 임금채권도 보호되고 산업재해

보상보험법도 적용된다(대판 94누1267).

(3) 내용

① 본질적 내용(근로의 권리의 구체적 내용이 무엇인가 여부)

국가에 대해 근로기회를 요구하고 그것이 불가능할 때는 생활비지급을 청구할 수 있다(생활비지급청구권설)는 설도 있으나, 국가에 대해 근로의 기회 그 자체의 제공을 요구할 권리(근로기회제공청구권설)라는 설이 다수설이다. 이에 대해 헌법재판소는 근로의 권리는 사회적 기본권으로서, 국가에 대하여 직접 일자리를 청구하거나 일자리에 갈음하는 생계비의 지급청구권을 의미하는 것이 아니라, 고용증진을 위한 사회적·경제적 정책을 요구할 수 있는 권리에 그친다고 보아 다수설인 근로기회제공청구권에 대해 부정적 입장이다(헌재 2001헌바50).

② 근로의 권리

헌법 제32조 근로의 권리가 해고의 자유를 제한하는 근거가 되는가에 대해 긍정설이 다수설이다. 초기자본주의체제 하에서 해고는 계약자유의 대상일 뿐이었다. 그러나 근로의 권리를 생존권의 하나로 헌법이 보장한 이상 자유로운 해고는 허락될 수 없다. 근로의 권리에 대한 중대한 위협이 되기 때문이다.

③ 근로의 권리의 실질화

㉠ 임금의 보장(제1항)

ⓐ 적정임금은 근로자와 그 가족이 인간다운 생활을 할 정도의 임금을 뜻하며, 적정임금을 받기 위한 소를 제기할 수 없다. 최저임금제는 최저한의 생활보호에 필요한 최저임금이며 헌법상 국가를 구속하는 제도이다. 이를 위해 최저임금법이 제정되어 있다.

ⓑ 무노동·무임금의 원칙이란 파업시간 또는 근로시간 중의 노조활동이나 노조전임자에 대하여는 임금을 지급하지 아니한다는 원칙이다. 현

행법과 대판은 무노동·무임금을 원칙으로 하고 있다.

ⓒ **국민의 근로의무(제2항)**: 국가는 근로의 의무의 내용과 조건을 민주주의원칙에 따라 정한다.

ⓒ **근로조건의 기준의 법정주의(제3항)**: 인간의 존엄성을 보장하도록 법률로 정한다.

ⓒ 여자의 근로의 특별보호와, 고용·임금 및 근로조건에 있어서 부당차별금지를 규정하고 있다(제4항).

ⓜ 연소자의 근로의 특별보호를 규정하고 있다(제5항).

ⓗ 국가유공자·상이군경 및 전몰군경의 유가족의 우선 근로기회를 보장하고 있다(제6항).

3. 근로자의 근로(노동)3권

(1) 개념

생산수단을 갖지 못한 근로자들이 근로조건의 향상과 인간다운 생활을 확보하기 위하여, 자주적으로 단결·단체교섭 및 단체행동을 할 수 있는 권리를 말한다. 근로조건의 보장과 향상을 위해서는 근로자가 조직화되고 조직화된 단체를 통해 사용자와 근로조건을 교섭할 수 있어야 한다. 또한 사용자의 부당한 횡포에 대해서는 근로자의 뜻을 관철할 수 있는 행동이 보장되어야 한다.

(2) 연혁

근로자의 근로3권은 20세기의 자연법적 권리로 승인되었다. 최초규정은 바이마르헌법(1919)을 효시로 하며, 우리나라는 건국헌법에 규정되었다.

(3) 근로3권 법적 성격

헌재판례는 일정치 않다. 전교조사건에서는 사회적 기본권성을 강조하였고(헌재 89헌가106), 강제중재사건에서는 자유권으로 보았고(헌재 90헌바19), 단체협약체결권사건에서는 사회권적 성격을 띤 자유권으로 보았다(헌재 94헌바13).

(4) 주체

근로자란 직업의 종류를 불문하고 임금·요금 기타 이에 준하는 수입에 의하여 생활하는 자로서 단순노무직 공무원, 외국인 근로자(불법취업자 포함), 실업 중인 자도 포함되나, 개인택시사업자 등 자영사업종사자는 제외된다. 근로자단체(노동조합 등)도 근로3권의 주체가 되나 사용자, 사용자 단체는 결사의 자유, 계약의 자유에 의해 보호되며 근로3권의 주체가 되는 것이 아니다.

(5) 근로3권의 내용

① 단결권

근로자가 근로조건의 유지·개선을 목적으로 사용자와 대등한 교섭력을 가지기 위하여 자주적인 단체를 결성하는 권리를 말한다. 계속성은 단결권의 필수요소가 아니다. 따라서 근로자는 노동조합과 같은 계속적인 단체뿐 아니라 일시적인 단체인 쟁의단을 조직할 수도 있다.

② 단체교섭권

원칙적으로 경영권·인사권·이윤취득권은 단체교섭대상이 아니다. 노조의 단체교섭요구시 사용자는 응할 의무가 있다. 사용자의 정당한 이유 없는 단체교섭거부는 부당노동행위가 된다. 단체교섭의 효력은 자치법규로 국법상 보호된다. 단체교섭권의 정당한 행사는 민·형사상 책임이 면제된다.

③ 단체행동권

수단으로는 동맹파업(Strike), 태업(Sabotage), 감시 또는 피켓시위(Picketing), 불매운동(Boycott) 등이 있다.

4. 인간다운 생활을 할 권리

(1) 개념

인간다운 생활을 할 권리란 인간 생존에 필요한 최소한의 물질적 최저생활을 청구할 수 있는 권리를 말한다. 물질적 최저생활의 수준을 어느 정도로 볼 것인가는 소득 수준, 생활 수준, 국가의 재정적 규모와 정책 등 다양한 요소를 고려하여 정할 수밖에 없다. 입법부의 광범위한 재량에 맡겨져 있다.

(2) 법적 성격

헌법 제34조 제1항에서 인간다운 생활을 할 권리를 규정하고 있고, 헌법 제34조 제2항부터 제6항까지는 인간다운 삶의 다양한 실현방법을 국가의 의무로 규정하고 있다. 인간다운 생활을 할 권리는 모든 생존권 규정의 이념적 기초가 되는 원리를 선언한 것으로 인간의 존엄성의 내용을 이루며 사회국가원리실현의 이념적 기초이자, 생존권의 총칙적 규정으로 보는 것이 지배적인 견해이다.

(3) 내용

① 사회보장

㉠ 사회보험은 가장 중추적 제도로서 국민의 생활의 안정과 그 노동력의 재생산을 목적으로 운영되는 공공적 보험제도를 말하며 의료보험(국민건강보험법), 재해보험(산업재해보상보험법), 퇴직연금보험(국민연금법, 공무

원연금법, 군인복지연금법) 등이 있다.

ⓒ 공적부조란 생활보호를 받을 권리로서 생활능력이 없거나 곤란한 상태에 있는 자에게 최종적인 생활보장수단으로서 무상으로 최저생활에 필요한 급여를 하는 제도를 말하며 생계보호(국민기초생활보장법), 의료보호(의료급여법), 자활보호(전몰군경유족과 상이군경연금법) 등이 있다.

② 사회복지제도에는 일부 특별한 국민(아동, 여성, 장애자, 윤락여성)의 건강유지와 빈곤해소를 위한 사회구호시설(양로원, 고아원, 직업훈련원 등)의 혜택을 받을 수 있는 제도를 말하며 청소년 기본법, 아동복지법, 노인복지법, 장애인복지법, 영유아보육법 등이 있다.

5. 환경권

(1) 연혁 및 입법례

전 인류가 국제적으로 연대하여 보장해야 하는 환경권은 인간존중주의 및 환경공유사상을 기초로 한 사회권으로, 맑고 깨끗한 환경에서 생활할 수 있는 권리를 의미한다. 환경보전의 기본원칙은 존속보장의 원칙, 사전배려의 원칙, 원인자책임의 원칙, 공동부담의 원칙, 협력의 원칙을 들수 있다. 환경권의 주체는 자연인이며 미래의 자연인, 즉 후손들도 그 주체성을 인정한다. 환경권은 1960년대 이후 미국에서 논의되기 시작한 것으로 천부인권으로 주장된 것이 아니라 공해에 대한 투쟁의 개념으로 등장한 현대적 기본권의 하나라고 할 수 있다. 그 이후 1972년 스웨덴의 스톡홀름에서의 인간환경선언과 1992년 브라질의 리우선언에서 환경의 중요성을 국제적으로 선언하여 환경고유사상을 고취시킨 바 있다. 우리나라의 헌법에서 환경권을 최초로 규정한 것은 1980년에 개정된 제5공화국 헌법이다. 현행 헌법에서도 헌법 제35조에 환경권을 직접 명문화하고 있으며, 기본적인 환경정책의 방향은 1990년 8월에 제정된 환경정책기본법에 규정하고 있다. 기타 개별법으로 수질환경보전법, 대기환경보전법, 유해물질 관리법, 소음·진동규제법, 환경분쟁조정 및 환경피해구제 등에 관한 법률이 제정·시행 중에 있으므로, 환경에 대한 복수법주의를 채택하고 있다고 볼 수 있다.

(2) 주체

외국인을 포함한 자연인은 주체가 되며, 법인이 환경권주체가 되느냐에 대해 학설이 대립하고 있으나 환경권의 성질상 부정설이 다수설이다. 미래세대가 환경권의 주체가 되는가에 대해 의견이 대립하고 있으나 주체가 된다는 것이 다수설이다. 자연 그 자체가 권리의 주체이냐에 대해 학설이 대립하나 자연은 권리주체가 아니므로 부정적이다.

(3) 내용

① 환경권의 대상으로서 환경은 자연환경과 문화적·사회적 생활환경 모두를 포함하고, 공해는 육체적 건강을 해치는 유해물질의 배출·폐기·방치뿐 아니라 정신적 건강을 해치는 소음, 진동, 악취, 색채 등을 의미한다.

② **국가의 환경침해에 대한 방어권**: 환경권은 국가작용으로 인해 발생하는 각종 환경오염행위에 대한 방어권을 제1차적인 내용으로 한다(사회공동생활에서 감수해야 되는 경우에는 수인하여야 함).

③ **공해의 예방 · 배제청구권**: 공해예방청구권은 훼손·파괴함으로써 공해를 유발하는 결과를 초래하지 않도록 요구할 수 있는 권리이다. 공해배제청구권은 국가 이외의 사인 등의 행위로 발생하는 공해나 환경오염을 국가가 방지하고 배제하도록 요구할 수 있는 권리를 말한다.

④ **생활환경의 조성청구권**: 국가에 대하여 건강하고 쾌적한 생활환경을 조성하고 보전해 줄 것을 요구할 수 있는 권리를 말한다. 환경정책결정에의 주민참여권은 참정권 등으로 인정될 여지는 있으나 환경권의 내용은 아니라는 견해가 있다.

⑤ 쾌적한 주거생활권: 쾌적한 주거생활권이란 국민이 국가기관에 주택개발정책 등을 통하여 쾌적한 주거생활의 실현을 청구할 수 있는 권리를 의미한다. 쾌적한 주거생활권은 적극적인 급부나 배려를 국가에 청구할 수 있다는 점에서 주거의 비밀을 보장하는 헌법 제16조의 주거의 자유와 차이점이 있다.

6. 혼인 · 가족에 관한 권리, 모성권, 보건권

(1) 혼인 · 가족에 관한 권리

① 개념

헌법은 혼인과 가족생활이 존엄과 평등을 기초로 성립되고 유지되어야 한다는 대원칙을 규정하고 있다. 혼인이란 포괄적인 생활공동체를 구성하고 평생 지속하겠다는 남녀의 합의를 말하며, 가족은 부모와 자녀의 생활공동체이다.

② 혼인제도의 내용

㉠ 혼인결정의 자유

우리나라는 법률혼주의를 따르는데, 사실혼 보호 문제가 제기된다. 헌법재판소는 혼인의 자유를 제10조의 인간의 존엄과 가치와 행복추구권에서 도출한 바 있다. 결혼퇴직제와 독신조항은 위헌으로 본다. 동성동본 금혼제는 헌법불합치 결정을 받았다(헌재 95헌가6).

㉡ 혼인관계 유지의 자유가 있으며 혼인관계 유지를 전제로 이혼의 자유(민법 제834조)가 있다.

③ 가족제도의 내용

남녀평등에 기초한 부부 간의 협력, 공동생활의무가 있다. 일부일처제를 취하고 있으며 간통죄는 헌재에 의하여 위헌결정을 받았다(헌재 2009헌바

17). 또한 종래의 호주제도는 헌법불합치 결정을 받았다(헌재 2001헌가9등).

(2) 모성의 보호(제36조 제2항)

① 의의

모성이란 여성이 어머니로서 가지는 정신적·육체적 특징으로서 모성의 보호란 국가가 어머니로서의 여성의 특성을 보호하고 어머니로서의 여성에 대해 특별한 배려를 하는 것이다.

② 주체

자녀를 가진 여성에 한정된다. 즉 임신하고 있거나 양육의무가 부여된 여성을 말한다.

③ 내용

국가에게 보호의무가 있다. 모성을 이유로 고용, 해고, 임금 등의 근로조건에 있어서 부당한 차별을 받아서는 안 된다. 모성에 대한 적극적 보호를 위해 근로기준법은 유해업무의 취급금지, 산전·산후휴가 등을 규정하고 있다.

(3) 보건권(제36조 제3항)

① 연혁

최초규정은 1919년 바이마르헌법이며, 우리나라는 건국헌법 이래로 이어지고 있다.

② 의의

물질, 명예, 권력을 추구해보지만 결국은 건강과 장수가 중요하다. 건강은 가족과 국가의 존립과 발전에 기본이 되는 요소이다. 보건권이란 자신과 가족의 건강을 유지하는 데 필요한 급부를 요구할 수 있는 권리를 말한다. 보건권의 향유 주체는 국민이다. 보건권의 주체는 가족이 아니라 개개인이다.

③ 주체

국민에 한정하며 법인은 제외한다. 외국인은 제외된다고 보는 것이 다수설이다.

제4장 통치구조론

제1절 국회

국회는 입헌정치의 본질적 요소로서 국가에 따라 그 조직이나 권한에 차이가 있으나 의회제도의 근본적 성질에 있어서는 공동적이다. 그 근본적 성질로는 국민의 대표기관으로서의 국회, 입법기관으로서의 국회, 정책통제기관으로서의 국회를 들 수 있다.

국회의 구성은 단원제와 양원제가 있는데, 우리나라는 단원제를 채택하고 있다. 국회의 권한으로는 입법에 관한 권한, 재정에 관한 권한, 일반국정에 관한 권한, 국회내부사항에 관한 자율적 권한이 있다. 우리나라 헌법은 국회에 관하여 헌법 제40조부터 제65조까지 규정하고 있다.

제2절 정부

우리나라의 정부형태는 대통령제로서 대통령의 지위는 국가원수로서의 지위, 정부수반으로서의 지위를 갖는다. 행정부는 대통령을 수반으로 하여 국무회의, 국무총리와 국무위원으로 구성된다. 우리나라 헌법은 정부에 관하여 헌법 제66조부터 제100조까지 규정하고 있다.

제3절 법원

　　권력분립에 의하여 사법부는 독립된 기관으로 구성되는데, 우리나라는 사법부를 법원과 헌법재판소로 이원화 하고 있다. 헌법재판은 헌법재판소가 담당하고, 그 밖의 재판은 법원이 담당하고 있다. 법원에서는 사법권의 독립이 중요하다. 사법권의 독립이란 재판의 공정을 기함으로써 인권을 보장하기 위하여 사법권을 입법권 및 행정권으로부터 독립시키고, 재판을 어떠한 권력이나 세력의 간섭으로부터 독립시키는 것을 말한다. 우리나라 헌법은 법원에 관하여 헌법 제101조부터 제110조까지 규정하고 있다.

제4절 헌법재판소

1. 헌법재판제도 개관

(1) 헌법재판의 의의

　　협의의 헌법재판이라 함은 사법적 기관이 법률의 위헌 여부를 심사하고, 그 법률이 헌법에 위반되는 것으로 판단하는 경우에 그 효력을 상실하게 하든가 그 적용을 거부하는 제도를 말한다. 이에 대하여 광의의 헌법재판이라 함은 헌법에 관한 쟁의나 헌법에 대한 침해를 헌법규범을 준거로 하여 사법적 절차에 따라 해결하는 작용으로서, 위헌법률심사뿐만 아니라 명령규칙심사·정당해산심판·탄핵심판·권한쟁의심판·헌법소원심판·선거소송심판 등을 총칭한다.

(2) 헌법재판의 기능

입헌민주국가에 있어서 헌법재판제도는 긍정적인 측면과 부정적인 측면을 함께 가지고 있다. 헌법재판의 긍정적 기능으로는 민주주의이념 구현의 기능, 헌법질서 수호의 기능, 기본권 보장의 기능, 소수자보호의 기능, 정치적 평화유지의 기능이 있다. 한편 부정적 측면으로는 사법부의 정치기관화를 초래하고, 보수적인 사법부로 말미암아 사회발전이 지연될 수 있다는 점이 그것이다.

(3) 헌법재판소의 구성

헌법재판소는 법관의 자격을 가진 9인의 재판관으로 구성되며, 재판관은 대통령이 임명한다. 이 중 3인은 국회에서 선출하는 자를, 3인은 대법원장이 지명하는 자를 임명한다. 헌법재판소장은 대통령이 국회의 동의를 얻어 재판관 중에서 임명한다. 헌법재판소를 대통령·국회·대법원장이 합동으로 구성하게 하는 것은 그 관할사항이 정치적 성격을 띠고 있기 때문에 정치적 중립성을 유지하도록 하기 위한 것이지만, 헌법재판소가 수행하는 헌법수호기관으로서의 역할을 엄정하고 공정하게 수행할 수 있도록 하기 위한 것이기도 하다.

2. 헌법재판의 유형

(1) 위헌법률심판

① 위헌법률심판의 의의와 성질

위헌법률심판이라 함은 헌법재판소가 국회가 의결한 법률이 헌법에 위반되는지 여부를 심사하고, 그 법률이 헌법에 위반되는 것으로 인정하는 경우에, 그 효력을 상실하게 하는 제도를 말한다.

현행 헌법에 있어서 위헌법률심판은 사후교정적 위헌심사이며, 특히 구체적 규범통제로서의 성격을 가지는 것이다. 그러나 위헌으로 결정된 법률 또는 법률조항은 일반적으로 효력을 상실하여 그 법률이 폐지된 것과 동일한 효과를 낳게 하고 있다.

② 위헌법률심판의 요건

위헌법률심판은 법률이 헌법에 위반되는 여부가 재판의 전제가 된 경우에, 당해 사건을 심리하는 법원의 제청에 따라, 헌법재판소가 그 법률의 위헌 여부를 심판하는 구체적 규범통제제도이다. 그러므로 헌법재판소가 법률 또는 법률조항에 대한 위헌 여부의 심판을 하려면, 재판의 전제성과 법원의 제청이라는 요건이 구비되어야 한다.

③ 위헌법률심판의 대상

위헌법률심판에서 심판의 대상이 되는 법률은 형식적 의미의 법률은 물론이고 그와 동일한 효력을 가지는 법규범까지 모두 포함한다. 따라서 긴급명령과 긴급재정경제명령은 물론이고 조약도 위헌법률심판의 대상에 포함된다.

④ 위헌법률심판의 기준

위헌법률심판은 법률이 헌법에 위반되는 여부를 심판하는 것이므로, 심판의 기준은 헌법이어야 한다. 이때의 헌법에는 형식적 의미의 헌법뿐만 아니라, 실질적 의미의 헌법에 해당하는 헌법적 관습까지 포함된다. 따라서 헌법적 관례나 관행도 위헌심판에서 심판의 기준이 된다.

⑤ 위헌법률심판의 결정

헌법재판소가 법률에 대한 위헌결정(한정합헌결정·한정위헌결정·헌법불합치결정·단순위헌결정)을 하려면, 9인의 재판관 중 6인 이상의 찬성이 있어야 한다. 그 밖의 경우에는 재판관 과반수의 찬성으로써 결정한다.

③ 합헌결정

ⓐ 단순합헌결정

헌법재판소가 법률의 위헌 여부를 심리한 결과 5인 이상의 재판관이 합헌이라고 판단하는 경우에 관하여, 헌법재판소법은 명백한 규정을 두고 있지 아니하다. 독일은 이런 경우에 "기본법에 합치한다"는 선언을 하고, 오스트리아는 제청신청을 기각하는 선고를 한다. 우리 헌법재판소는 "법률은 헌법에 위반되지 아니한다"라는 주문형식을 채택하고 있다.

ⓑ 위헌불선언결정

위헌불선언결정은 재판관 5인이 위헌의견을 제시하고 4인이 합헌의견을 제시한 경우에, 위헌의견이 다수임에도 위헌결정정족수(재판관 6인 이상) 미달로 위헌선언을 할 수 없기 때문에, 우리 헌법재판소가 채택한 바 있는 독특한 결정형식이다. 1996년 이후에는 위헌불선언결정의 형식을 택하지 아니하고 단순합헌결정의 형식을 택하고 있다.

ⓒ 위헌결정

ⓐ 단순위헌결정

헌법재판소가 위헌법률심판의 대상이 된 법률에 대하여 위헌성을 확인하게 되면 원칙적으로 위헌결정을 하고, 당해 법률은 효력을 상실하게 된다.

ⓑ 일부위헌결정

위헌결정에는 법률 전체에 대한 위헌선언 이외에 그 일부에 대한 위헌선언도 포함된다. 일부위헌의 대상은 독립된 법조문일 수도 있고, 법조문 중 특정의 항일 수도 있으며, 일정한 문장 혹은 그 일부분일 수도 있다.

ⓒ 변형결정

ⓐ 헌법불합치결정

헌법불합치결정이라 함은 법률의 실질적 위헌성을 인정하면서도 입법자의 입법형성의 자유를 존중하고 법의 공백과 혼란을 피하기 위하여 일정 기간까지는 당해 법률이 잠정적인 계속효를 가진다는 것을 인정하는 결정형식이다.

ⓑ 한정합헌결정

한정합헌결정이라 함은 해석 여하에 따라서는 위헌이 되는 부분을 포함하고 있는 법령의 의미를, 헌법의 정신에 합치되도록 한정적으로 축소해석하여 위헌판단을 회피하는 결정형식이다. 헌법재판소는 한정합헌결정도 위헌결정의 범주에 드는 것이므로 재판관 6인 이상의 찬성을 요한다고 한다.

ⓒ 한정위헌결정

한정위헌결정이라 함은 불확정개념이거나 다의적인 해석가능성이 있는 조문에 대하여 헌법과 조화를 이룰 수 없는 확대해석은 헌법에 위반되어 채택할 수 없다는 뜻의 결정을 말한다. 한정위헌결정도 위헌결정의 범주에 드는 것이므로 재판관 6인 이상의 찬성을 요한다.

⑥ 위헌결정의 효력

㉠ 위헌결정의 기속력

위헌결정의 기속력은 대법원을 비롯한 각급 법원과 국가기관·지방자치단체에 대해 미칠 뿐만 아니라, 불가변력이 있어 헌법재판소도 이를 스스로 취소·변경할 수 없다.

㉡ 일반적 효력의 부인

현행 헌법의 위헌법률심사제는 구체적 규범통제이므로, 위헌결정이 있는 경우 당해 사건에 한하여 단지 그 적용이 배제되는 개별적 효력의 부인이라야 한다. 하지만 헌법재판소법은 위헌으로 결정된 법률 또는 법률조항은 그 효력을 상실한다라고 하여 일반적 효력까지 부인하고 있다. 이와 같이 구체적 규범통제이면서 위헌결정이 내려진 법률 또는 법률조항의 효력을 절대적으로 상실시키는 제도를 객관적 규범통제라고도 한다.

ⓒ 위헌결정의 효력발생시기

위헌결정의 효력발생시기에 관한 입법례로는, 위헌결정에 소급효를 인정하면서 부분적으로 이를 제한하는 예(소급무효설의 입장), 장래효를 인정하면서 부분적으로 소급효를 인정하는 예(폐지무효설의 입장), 소급효를 인정할 것인가 장래효를 인정할 것인가를 사건별로 결정하는 예(선택적 무효설의 입장)가 있다. 결국 위헌결정의 효력발생시기에 관한 문제는 논리에 충실할 것인가 법률생활의 안정을 존중할 것인가라는 헌법정책 내지 입법정책의 문제라고 할 수 있다. 헌법재판소법 제47조 제2항은 "위헌으로 결정된 법률 또는 법률의 조항은 그 결정이 있는 날로부터 효력을 상실한다. 다만 형벌에 관한 법률조항은 소급하여 그 효력을 상실한다"라고 규정하고 있다. 이것은 장래효를 인정하면서 부분적으로 소급효를 인정하는 유형에 해당한다. 그리고 헌법재판소법은 위헌법률에 근거한 유죄의 확정판결에 대하여는 재심을 청구할 수 있게 하고 있다.

(2) 헌법소원심판

① 헌법소원의 의의

헌법소원제도라 함은 공권력의 행사 또는 불행사로 말미암아 헌법상 보장된 기본권을 직접, 그리고 현실적으로 침해당한 자가 헌법재판기관에 당해 공권력의 위헌 여부의 심사를 청구하여 기본권을 구제받는 제도를 말한다.

헌법소원제도는 개인의 주관적 기본권을 보장한다는 기본권보장기능과 위헌적인 공권력행사를 통제함으로써 객관적인 헌법질서를 수호한다는 헌법보장기능을 수행한다. 이것을 헌법소원제도의 이중적 기능이라 한다.

② 헌법소원의 종류

㉠ 권리구제형 헌법소원

권리구제형 헌법소원이라 함은 공권력의 행사 또는 불행사로 말미암아 헌법상 보장된 기본권을 침해당한 자가 청구하는 헌법소원을 말한다

(헌법재판소법 제68조 제1항). 이것이 본래의 헌법소원이다. 권리구제형 헌법소원은 그 대상에 따라 입법작용에 대한 헌법소원, 집행작용에 대한 헌법소원, 사법작용에 대한 헌법소원 등으로 나누어진다.

ⓛ 위헌심사형 헌법소원

위헌심사형 헌법소원이라 함은 위헌법률심판의 제청신청이 법원에 의하여 기각된 경우에 제청신청을 한 당사자가 청구하는 헌법소원을 말한다(헌법재판소법 제68조 제2항). 이를 위헌제청형 헌법소원 또는 규범통제형 헌법소원 또는 위헌소원이라고도 한다. 독일에서는 위헌심판제청을 신청한 경우에, 법원이 제청신청을 기각하면 독립하여 이를 다투지 못하고, 항소나 상고를 통해 당해 기각결정을 시정받거나, 상고심판결에 대한 헌법소원을 통하여 법률의 위헌 여부를 다툴 수 있을 뿐이다. 그러나 우리 헌법재판소법은 제68조 제2항에서 위헌심판제청신청이 기각당한 경우에 바로 헌법소원을 청구할 수 있도록 함으로써, 제1심 단계에서부터 재판의 전제가 된 법률의 위헌 여부의 심판을 받을 수 있도록 하는 독특한 제도를 채택하고 있다.

헌법재판소법 제68조 제2항에 의한 위헌심사형 헌법소원의 성격 여부에 관해서는 견해가 갈리고 있다. 위헌재판심사설은 법원의 재판에 대해서는 원칙적으로 헌법소원이 인정되지 않으나, 위헌심판제청신청에 대한 법원의 기각결정에 대해서는 예외적으로 헌법소원을 허용함으로써 위헌재판심사를 인정한 것이 바로 위헌심사형 헌법소원이라고 한다. 이에 대하여 위헌법률심사설은 법률의 위헌심판제청신청이 기각된 경우에는, 헌법소원의 전제요건인 침해된 기본권이 없으므로, 위헌심사형 헌법소원은 그 본질상 위헌법률심판에 해당하는 것이라고 한다. 헌법재판소는 위헌법률심사설 입장에 있다.

③ 헌법소원심판의 청구

권리구제형 헌법소원심판을 청구할 수 있는 자는 공권력의 행사 또는 불행사로 말미암아 헌법상 보장된 자신의 기본권이 침해되었다고 주장하는 모든 국민이다. 이때의 국민 중에는 자연인뿐만 아니라 법인(국내사법인)도 포함되며, 권리능력 없는 사단도 일정한 범위 안에서 헌법소원심판을 청구할 수 있다. 국민의 기본권을 보호 내지 실현할 책임과 의무를 지는 국가기관이나 그 일부 또는 공무원은 헌법소원을 청구할 수 없다. 이에 대하여 위헌심사형 헌법소원심판을 청구할 수 있는 자는 위헌제청신청을 한 당사자이다.

④ 헌법소원심판청구의 실질적 요건(청구원인 · 청구대상 · 당사자적격성)

헌법재판소법 제68조 제1항의 규정에 의한 권리구제형 헌법소원심판을 청구하기 위한 실질적 요건은 다음과 같다. 공권력의 행사 또는 불행사가 존재할 것(공권력의 존재), 공권력의 행사 또는 불행사로 말미암아 헌법상 보장된 자신의 기본권이 직접적이고 현실적으로 침해되었을 것(당사자적격성: 자기관련성, 직접성, 현재성), 다른 법률에 구제절차가 있는 경우에는 그 절차를 모두 마친 후일 것(보충성의 원칙), 권리보호의 필요성이 있을 것(권리보호의 이익) 등이다.

그리고 헌법재판소법 제68조 제2항의 규정에 의한 위헌심사형 헌법소원(위헌소원)심판을 청구하기 위해서는 문제된 법률의 위헌 여부가 재판의 전제가 되어야 하고(재판의 전제성), 법원이 청구인의 위헌제청신청을 기각한 경우(제청신청의 기각)라야 한다.

아래에서는 권리구제형 헌법소원의 경우를 중심으로 하여 그 실질적 요건을 살펴보기로 한다.

㉠ 공권력의 행사 · 불행사

헌법소원심판은 원칙적으로 헌법에 위반하는 모든 공권력의 행사 또는 불행사를 대상으로 하여 청구할 수 있다. 모든 공권력의 행사 또는 불행사라 함은 입법권 · 집행권 · 사법권을 행사하는 모든 국가기관의 적극적인 작위행위와 소극적인 부작위행위를 총칭한다.

㉡ 기본권의 침해

헌법소원심판청구는 헌법상 보장된 기본권이 침해되었음을 요건으로 하지만, 그 침해는 심판청구인 자신의 기본권이 직접 그리고 현재 침해된 경우라야 한다. 다시 말하면 헌법소원은 기본권의 직접적인 피해자에게만 허용되므로, 누구에게나 심판청구가 허용되는 민중소송은 현행 헌법소원 제도상 인정되지 아니한다. 요컨대 헌법소원심판을 청구할 수 있으려면, 기본권의 침해가 자기와 관련이 있을 것(자기관련성) · 직접적일 것(직접성) · 현실적일 것(현재성) 등의 요건을 갖추어야 한다.

ⓒ 보충성의 원칙

헌법소원의 보충성이라 함은 기본권침해를 제거할 수 있는 다른 수단이 없거나 헌법재판소에 제소하지 아니하고도 동일한 결과를 얻을 수 있는 법적 절차나 방법이 달리 없을 때에 한하여, 예외적으로 인정되는 최후적 기본권보장수단성을 말한다. 헌법재판소법 제68조 제1항 단서는 "다른 법률에 구제절차가 있는 경우에는 그 절차를 모두 거친 후에 청구할 수 있다"라고 하여 보충성의 원칙을 규정하고 있다. "다른 법률에 의한 구제절차"라 함은 공권력의 행사 또는 불행사를 직접 대상으로 하여 그 효력을 다툴 수 있는 적법한 권리구제절차를 의미하는 것이지, 공권력의 행사 또는 불행사의 결과 생긴 효과를 원상복귀시키거나, 사후적 · 보충적 구제수단인 손해배상청구나 손실보상청구를 의미하는 것은 아니다.

ⓓ 권리보호의 이익(소의 이익 · 심판청구의 이익)

헌법소원은 국민의 침해된 기본권을 구제하는 제도이므로, 그 제도의 목적상 당연히 권리보호의 이익이 있는 경우라야 제기할 수 있다. 따라서 심판청구 당시 권리보호의 이익이 인정되더라도, 심판계속 중에 생긴 사정변경, 즉 사실관계 또는 법령제도의 변동으로 말미암아 권리보호의 이익이 소멸 또는 제거된 경우에는, 원칙적으로 심판청구는 부적법하게 된다. 다만 그와 같은 경우에도 그러한 기본권침해행위가 반복될 위험이 있거나, 그러한 분쟁의 해결이 헌법질서의 수호유지를 위하여 긴요한 사항이어서 헌법적으로 그 해명이 중대한 의미를 지니고 있는 경우에는, 예외적으로 심판청구의 이익이 있다고 볼 수 있다.

⑤ 헌법소원의 심판

㉠ 지정재판부의 사전심사

헌법재판소법은 헌법소원의 남소로 인한 헌법재판소의 업무량 과다를 조절하기 위한 장치로서 공탁금납부명령제와 지정재판부에 의한 사전심사제를 규정하고 있다. 헌법재판소장은 재판관 3인으로 구성되는 지정재판부를 두어 헌법소원심판의 사전심사를 담당하게 할 수 있다.

㉡ 전원재판부의 심판

지정재판부가 헌법소원을 재판부의 심판에 회부하는 결정을 한 때에는 전원재판부가 이를 심판한다. 헌법소원심판은 서면심리에 의하되, 재판부가 필요하다고 하는 경우에는 변론을 열어 당사자·이해관계인 기타 참고인의 진술을 들을 수 있다.

⑥ 헌법소원의 종국결정

위헌심사형 헌법소원심판의 경우에 인용결정(위헌결정)이 있으면 "당해 헌법소원과 관련된 소송사건이 이미 확정된 때에는 당사자가 재심을 청구할 수 있다"는 점을 제외하고는, 그 결정형식은 위헌법률심판사건의 그것(합헌결정·위헌결정·변형결정 등)과 다를 것이 없다.

아래에서는 본래의 헌법소원인 권리구제형 헌법소원심판의 종국결정 형식만을 살펴보기로 한다.

㉠ 각하결정

각하결정은 헌법소원심판청구의 요건이 부적법한 경우에 내리는 결정형식이다.

㉡ 기각결정

기각결정은 헌법소원심판청구가 "이유 없는" 경우, 다시 말하면 공권력의 행사 또는 불행사로 말미암아 헌법상 보장된 자신의 기본권이 직접 그리고 현재 침해되었음이 인정되지 아니하여, 청구인의 주장을 배척하는 경우에 하게 되는 결정형식이다.

ⓒ 인용결정

인용결정은 공권력의 행사 또는 불행사로 말미암아 청구인의 헌법상 보장된 기본권이 침해되었음을 인정하는 결정형식이다. 헌법재판소법 제75조에 따라 헌법재판소는 기본권침해의 원인이 된 공권력의 행사를 취소하거나 그 불행사가 위헌임을 확인할 수 있다.

(3) 탄핵심판

① 탄핵제도의 의의

탄핵제도라 함은 일반사법절차에 따라 소추하거나 징계절차로써 징계하기가 곤란한 고위직행정공무원이나 법관 등 신분이 보장된 공무원이 직무상 중대한 비위를 범한 경우에, 이들을 의회가 소추하여 처벌하거나 파면하는 제도를 말한다. 현행 헌법에서의 탄핵제도는 형사처벌적 성질의 것이 아니고, 미국·독일 등과 마찬가지로 징계적 처벌의 성질을 가지는 것이다.

② 국회의 탄핵소추권

탄핵을 소추할 수 있는 기관은 국가에 따라 동일하지 아니하나 대체로 의회를 소추기관으로 하고 있다. 현행 헌법은 "국회는 탄핵의 소추를 의결할 수 있다"라고 하여, 국회를 탄핵소추기관으로 하고 있다.

㉠ 탄핵소추의 대상자

헌법은 탄핵소추대상자로서 대통령·국무총리·국무위원·행정 각부의 장, 헌법재판소 재판관·법관, 중앙선거관리위원회 위원·감사원장·감사위원, 기타 법률이 정한 공무원을 들고 있다.

㉡ 탄핵소추의 사유

헌법은 "직무집행에 있어서 헌법이나 법률에 위배된 때"라고 하여 탄핵소추의 사유를 포괄적으로 규정하고 있다.

③ 헌법재판소에 의한 탄핵심판

탄핵심판은 실질적 의미에서 사법작용에 해당하므로, 공정하고 중립성이 보장된 기관으로 하여금 담당하게 해야 한다. 현행 헌법은 헌법재판소로 하여금 탄핵심판을 담당하게 하고 있다. 그것은 탄핵심판이 헌법수호의 기능까지 아울러 가지고 있는 까닭에, 중립적 입장에서 공정한 심판을 할 수 있는 헌법재판소의 관할로 한 것이다.

㉠ 탄핵의 결정

탄핵심판사건은 헌법재판소의 재판관 전원(9인)으로 구성된 전원재판부에서 관장한다. 재판장은 헌법재판소장이 된다. 재판부는 재판관 7인이상의 출석으로 사건을 심리하고, 탄핵의 결정을 할 때에는 재판관 6인이상의 찬성이 있어야 한다.

㉡ 탄핵결정의 효과

탄핵결정은 공직자를 공직으로부터 파면함에 그친다. 그러나 탄핵의 결정으로 민사상의 책임이나 형사상의 책임이 면제되는 것은 아니다. 탄핵의 결정은 징계적 처벌이므로 탄핵결정과 민·형사재판 간에는 일사부재리의 원칙이 적용되지 아니한다.

(4) 정당해산심판

① 정당해산의 제소

정부는 정당의 목적이나 활동이 민주적 기본질서에 위배될 때에는 국무회의의 심의를 거쳐 헌법재판소에 해산을 제소할 수 있다. 정부에 대하여 정당해산제소권을 부여하고 있는 결과, 정당에 대한 위헌 여부의 제1차적 판단은 정부의 권한이다.

② 정당해산의 심판

정당해산심판은 헌법재판소장을 재판장으로 하고, 7인 이상의 재판관이 출석한 재판부에서 심판한다. 그 심판절차는 구두변론주의와 공개주의를 원칙으로 한다. 헌법재판소는 정당해산심판의 청구가 있는 경우에, 청구인의 신청이나 직권으로 종국결정의 선고시까지 피청구인의 활동을 정지하는 결정(가처분결정)을 할 수 있다.

③ 정당해산의 결정

헌법재판소는 9인의 재판관 중 6인 이상의 찬성으로써 정당의 해산을 명하는 결정을 할 수 있다. 헌법재판소의 정당해산결정은 각급법원은 물론이고 모든 국가기관을 기속한다.

④ 정당해산결정의 집행

헌법재판소가 정당의 해산을 명하는 결정을 한 때에는 결정서를 피청구인과 국회·정부 및 중앙선거관리위원회에 송달하여야 한다. 정당해산결정은 중앙선거관리위원회가 정당법의 규정에 따라 집행한다.

⑤ 정당해산결정의 효과

헌법재판소가 해산결정을 선고하면 그때부터 그 정당은 위헌정당이 되기 때문에 정당의 특권을 상실한다. 첫째, 정당의 대표자와 간부는 해산된 정당의 강령 또는 기본정책과 동일하거나 그와 유사한 대체정당을 창설하지 못한다. 둘째, 해산된 정당의 잔여재산 중 적극재산은 국고에 귀속된다. 셋째, 소속 의원의 자격에 대하여는 규정이 없어 학설이 대립하고 있다. 현대국가들이 정당국가로 발전하고 있는 추세에 비추어 보거나 방어적 민주주의의 관점에서 볼 때, 의원자격을 상실하는 것으로 보는 것이 다수설 입장이다. 넷째, 해산된 정당의 명칭과 동일한 명칭은 정당의 명칭으로 다시 사용하지 못한다.

(5) 권한쟁의심판

① 권한쟁의심판의 의의

권한쟁의라 함은 국가기관 또는 지방자치단체 등 간에 권한의 존부나 범위에 관하여 적극적 또는 소극적 분쟁이 발생한 경우에, 독립적 지위를 가진 제3의 기관이 그 권한의 존부·내용·범위 등을 명백히 함으로써 기관 간의 분쟁을 해결하는 제도를 말한다.

② 권한쟁의의 심판

㉠ 권한쟁의심판의 청구사유

기관 간에 권한의 존부나 범위에 관하여 다툼이 있으면, 국가기관이나 지방자치단체는 헌법재판소에 권한쟁의심판을 청구할 수 있다. 심판청구는 피청구인의 처분 또는 부작위가 헌법이나 법률에 의하여 부여받은 청구인의 권한을 침해하였거나 침해할 현저한 위험이 있는 때에 한하여 할 수 있다.

㉡ 권한쟁의심판의 심리

권한쟁의의 심판은 구두변론에 의하며, 심판의 변론과 결정의 선고는 공개한다. 다만 서면심리와 평의는 공개하지 아니한다. 그리고 헌법재판소가 권한쟁의심판의 청구를 받은 때에는 직권 또는 청구인의 신청에 의하여 종국결정의 선고시까지 심판대상이 된 피청구인의 처분의 효력을 정지하는 결정(가처분결정)을 할 수 있다.

③ 권한쟁의심판의 결정

㉠ 결정정족수

권한쟁의의 결정은 재판관 7인 이상이 참석하고, 참석재판관 중 과반수의 찬성으로써 한다.

㉡ 결정의 내용

헌법재판소는 심판의 대상이 된 국가기관 또는 지방자치단체의 권한의 존부 또는 범위에 관하여 판단한다. 피청구인의 처분이나 부작위가 청구인의 권한을 침해한 때에는 이를 취소하거나 무효를 확인할 수 있다.

㉢ 결정의 효력

헌법재판소의 권한쟁의심판의 결정은 모든 국가기관과 지방자치단체를 기속한다. 헌법재판소가 부작위에 대한 심판청구를 인용하는 결정을 한 때에는 피청구인은 결정취지에 따른 처분을 해야 한다. 국가기관 또는 지방자치단체의 처분을 취소하는 결정은 그 처분의 상대방에 대하여 이미 발생한 효력에는 영향을 미치지 아니한다.

3편

민법

제1장 민법상의 기본원칙

근대 민법은 기본적으로 개인적 자유주의에 입각하여 철저하게 사유재산권을 존중하고 사적자치의 원칙에 입각하였으나, 그에 대한 폐단이 적지 않게 나타나자 그에 대한 수정원리로서 사회적 형평의 원칙이 현대민법에서는 하나의 중요한 기본원리로 등장하였다.

제1절 근대민법의 기본원리

1. 사유재산권존중의 원칙

이 원칙은 각 개인이 그들 고유의 사유재산에 대해 절대적 지배를 행사할 수 있음을 인정하고, 국가나 다른 사인이 이에 간섭하거나 제한을 가하지 못한다는 원칙이다. 이는 소유권의 절대성을 중심으로 인정되는 것으로 이른바 소유권절대의 원칙이라고도 한다. 예컨대 내가 나의 것을 자유로이 남에게 공짜로 주거나, 먹거나, 팔거나, 사용하거나, 부수거나 하더라도 이에 대해 국가나 타인이 간섭할 일이 아니라는 원칙이다.

2. 사적 자치

근대민법은 개인주의와 자유주의에 입각하고 있다. 여기서 개인적 자유주의는 개인이 사적인 생활관계를 형성하는 데 국가의 간섭이나 도움

없이 자유로이 자기 스스로 결정할 수 있다고 하는 사적자치를 전제로 하는 것이다. 사적자치의 원칙은 성숙한 인간이라면 타인에 의하여 지배되지 않고 독립되어 자신의 자유적 결정으로 상대방과 법률관계를 맺으며, 그에 대해 자기책임을 지고, 그 때문에 결국 그 법률관계에 구속되는 자기지배가 실현되는 것이다. 이러한 범위 내에선 국가나 제3자는 이에 간섭할 수 없다는 원칙이다. 이러한 원리로부터 법률행위자유의 원칙과 소유권자유의 원칙, 그리고 자기행위책임의 원칙이 도출된다.

(1) 법률행위자유의 원칙

법률행위자유의 원칙은 사적 자치의 원칙이 법률행위에 적용될 때 나타나는 원칙이다. 이 원칙은 특히 계약의 경우에 명백하게 나타나므로 계약자유의 원칙이라고도 한다. 즉 계약을 체결할 것인가 말 것인가, 체결한다면 누구와 체결할 것인가, 그리고 어떤 내용으로 체결할 것인가 등은 모두 계약 당사자에게 일임되어 있어, 계약 당사자 스스로가 결정할 문제이지, 국가나 그 밖의 제3자에 의해 지배되지 않는다는 원칙이다. 따라서 내가 나의 아파트를 팔고 싶으면, 그 아파트를 사기를 원하는 사람에게 얼마의 금액으로 매매계약을 체결할 것인가는 이해 당사자의 자유로운 의사에 의해 결정되는 것이며, 이것이 법률행위자유의 원칙인 것이다. 그리고 법률행위자유의 원칙은 계약뿐만 아니라, 유언과 같은 단독 행위에서도 나타난다. 그래서 우리 모두는 사망 후에 자기의 재산을 누구에게 줄 것인가를 자유롭게 정할 수 있는 유언을 할 수 있는 것이다.

(2) 소유권자유의 원칙

이 원칙은 소유자는 자유로이 그 소유물을 사용·수익·처분할 수 있다는 원칙이다. 즉 내 물건은 내 맘대로 할 수 있다는 것이다. 우리 민법 제211조도 이를 명시하고 있다.

3. 자기책임의 원칙

이는 자기 자신의 유책한 행위인 고의나 과실에 대해서만 책임을 질 뿐이고, 타인의 행위에 대해서는 책임을 지지 않는다는 원칙이다. 예컨대 민법 제390조에서는 채무의 불이행 시 손해배상을 하게 되는 경우란 채무자가 자기의 고의나 과실로 채무의 이행을 하지 않는 때라는 점을 분명히 하고 있으며, 민법 제750조에서는 "고의 또는 과실로 인한 위법행위로 타인에게 손해를 가한 자는 그 손해를 배상할 책임이 있다"고 함으로써 고의 또는 적어도 과실행위가 있어야만 민사상의 책임을 진다는 것을 분명히 하고 있다. 이를 과실책임의 원칙이라고도 한다.

제2절 근대민법의 기본원리의 수정

근대민법상의 철저한 사적 자치는 개인을 봉건적 구속으로부터 해방시키고, 개인의 경제적 활동의 자유를 보장함으로써 자본주의 경제를 발전시키는 데 커다란 원동력이 되었다. 그러나 근대민법은 구체적 개인을 보지 못하고 추상적인 인간만을 보았기 때문에 자본주의의 모순이 심각하게 드러나고 사회의 균형 있는 발전은 기대 이하의 수준에 머물게 되었다. 이러한 모순을 극복하고 시민 모두가 인간다운 생활을 영위할 수 있도록 하기 위하여 근대민법의 기본원리도 사적자치를 기본골격으로 하면서 사회적 형평성의 원칙을 가미하여 공공의 복리이념을 중시하는 쪽으로 발달하게 되었다.

이에 따라 근대민법의 기본원리도 이런 방향으로의 수정이 불가피하게 되었다. 즉, 소유권절대의 원칙은 소유권의 행사의 행사에 있어서 이제 절대적 자유가 아니라 사회의 공공복리를 위한 제한이 수반된다는 소유권의 사회화 사상으로 점차 인정되게 되었고, 급기야 우리 헌법 제23조

제2항에서는 "재산권의 행사는 공공복리에 적합하도록 하여야 한다"라고 천명하고 있다. 또한 계약자유의 원칙도 이를 지나치게 철저히 관철하려 한다면, 예컨대 경제적으로나 사회적으로 사실상 비교 우위에 있는 자는 비교 열위에 있는 자에게 불리한 내용의 계약을 강요하기 쉽다. 이는 곧 피용자에게 일방적으로 불리하게 되어, 이들이 인간다운 삶을 누리는 데 중대한 장애요인이 되는 것이며, 정의에도 어긋나는 일이다.

제3절 우리 민법의 기본원리

개인적 자유주의에서 출발하고 있는 우리 민법은 기본적으로 근대민법의 기본원리에 그 토대를 두고 있다. 그러나 이러한 원리가 극단적으로 갈 때 공공복리를 해치거나 사회정의에 반하는 폐해가 야기될 수 있기 때문에 그 폐해를 극복하기 위한 수정이 필요하게 되었다. 이러한 수정 내지 제한 원리가 다름 아닌 사회적 형평의 원리이다. 그 밖에 우리 민법은 기본적으로 구체적 타당성을 중시하는 입장에 서 있다.

1. 사회적 형평의 원리

민법상에서 사적 자치라는 것은 법질서를 초월하여 있는 것이 아니라 기본적으로 법질서 아래에 있는 것이다. 즉, 법질서가 사적 자치를 보장하고 있는 것이므로 사적 자치를 전제로 한 법률행위 자유의 원칙도 처음부터 법의 테두리 내에 있기 때문에 법의 테두리를 벗어난 계약은 무효인 것이다. 예컨대 계약 당사자의 한쪽이 상대방의 궁박, 경솔 또는 무경험을 이용하여 현저하게 공정성을 결하여 계약을 체결한 경우 그 계약은 무효가 되는 것이다(민법 제104조).

더구나 민법 제2조 제2항에서는 "권리는 남용하지 못한다"고 명시하고 있고, 동법 제2조 제1항에서는 "권리의 행사와 의무의 이행은 신의에 좇아 성실히 하여야 한다"고 천명함으로써 철저한 개인주의적 입장에서만 권리의 행사 등을 할 것이 아니라, 타인의 이익이나 사회 공공의 이익과도 조화를 고려할 것을 요구하고 있다. 그 때문에 판례도 "채권자가 채권을 확보하기 위한 제3자의 부동산을 채무자에게 명의신탁하도록 한 다음 동 부동산에 대하여 강제집행을 하는 행위는 신의성실의 원칙에 비추어 허용할 수 없다"(대판 80다2064)고 판시하였던 것이다. 그리고 이러한 신의성실의 원칙은 단지 계약에만 한정되는 것은 아니다. 즉, 신의성실의 원칙은 "모든 법률관계를 규제, 지배하는 원리로 파악되며, 따라서 신의성실의 원칙에 반하는 소유권의 행사 또한 허용될 수 없다"고 대법원은 보고 있다(대판 82다카1919).

특히 특별법을 통해서 법률행위의 자유의 원칙에 대한 제한 원리는 점진적으로 확대 실현되고 있다. 예컨대 우리 근로기준법은 피용자의 인간다운 삶의 보장을 위하여 사회 전체의 입장에서 최소한의 근로조건을 법제화하고 있으며(근로기준법 제20조 이하 참조), 주택임대차보호법에서 임차인의 보호를 우선한다(주택임대차보호법 제3조의2, 제4조, 제6조, 제8조). 끝으로 과실책임의 원칙은 개인의 경제적 활동의 자유를 보장하였지만, 예컨대 환경을 파괴하면서 커다란 이익을 취하는 대기업이 불법행위에 있어서 책임을 면하게 되는 불공평한 사례가 적지 않게 나타나고 있다. 이러한 불합리한 모순을 시정하기 위해 손해의 공정한 분담이라는 취지 아래 경우에 따라 과실이 없는 경우에도 손해배상책임을 지우는 무과실책임원칙이 점차 호응을 받고 있다.

2. 구체적 타당성의 원리

민법상의 거래관계에 있어서 우리 민법은 객관적 획일성보다는 구체적 타당성을 우선하기 때문에 거래상에서 동적 안정이나 거래안전보다는 진정한 권리의 보호를 우선한다. 이에 대한 징표로서 민법은 거래에 있어서 부동산에 관하여는 공신의 원칙(권리의 외양을 신뢰한 자는 보호하는 원칙)을 취하지 않고, 동산에 관하여만 이 원칙을 채택(민법 제249조)함으로써 적어도 부동산에 관련된 거래에 한해서는 신뢰보호 내지 거래의 보호보다는 진정한 권리의 보호에 치중하고 있는 것이다.

제2장 민법상 중요한 권리

민법상의 권리는 여러 가지로 구분이 가능하다. 그중에서 사권은 그 "내용"에 따라 재산권·인격권·가족권·사원권으로 구분된다. 여기서 재산권은 다시 물권·채권·무체재산권으로 나누는 것이 가능하다.

제1절 물권

1. 의의

인간은 다른 동물에 비해 자기 것에 대한 욕구가 강하다. 그것이 정신적인 것이건 물질적인 것이건 불문하고 자기 것을 소중하게 생각한다. 그중에서 '물건'에 대해서 생각해 볼 때, 그것은 자기만이 그 물건을 독점적으로 지배하는 것으로서, 그것을 사용하고, 마음에 들지 않으면 자기 마음대로 버릴 수 있는 것을 의미하며, 이것을 누릴 수 있는 권리가 다름 아닌 물권인 것이다. 자기가 가지고 싶은 것이 없거나, 혹은 부족하면, 또는 자기의 것이 사용하기 불편하거나 남의 것보다 안 좋다는 것을 느끼면서 교환이 시작되었다. 그리고 화폐가 생기면서 매매 등의 채권관계가 형성된 것이다. 그러므로 역사적인 관점에서 볼 때에는 물권의 역사가 채권의 그것보다 오래되었다고 할 수 있다.

물권이란 "권리자가 특정·독립한 물건을 직접 지배해서 배타적 이익을 얻을 수 있는 권리"를 말한다. 우선 물권의 객체는 원칙적으로 물건이어야 한다. 물건은 "유체물 및 전기 기타 관리할 수 있는 자연력"을 의미한다(민법 제98조). 그리고 물권은 물건에 대한 직접적 지배를 본질적 내용으로 하기 때문에 원칙적으로 특정되어 있어야 한다. 물권은 객체를 "직접적"으로 지배하는 것으로, 여기서 직접 지배한다는 것은 타인의 행위를 매개하지 않고서 직접 그 물건으로부터 일정한 만족을 얻는다는 것을 의미한다. 이에 반해 채권은 채권자가 만족을 얻으려면 채무자의 행위를 요한다. 또한 물권은 객체를 배타적으로 지배한다. 이는 하나의 물건 위에 서로 양립할 수 없는 내용의 물권이 두 개 이상 동시에 성립할 수 없다는 것을 의미한다. 그러나 내용이 서로 다를 경우에는 가능하다.

2. 물권의 종류

"물권은 법률 또는 관습법에 의하는 외에는 임의로 창설하지 못한다"라는 원칙을 물권법정주의라 한다(민법 제185조). 채권과 달라서 당사자가 임의로 물권을 창설할 수는 없다. 왜냐하면 물권의 규정이 원칙적으로 "강행법규"인 것은 바로 이 "물권법정주의 원칙"의 제한 때문이고, 이런 원칙을 취하는 가장 중요한 근거는 우리 민법이 "공시의 원칙"을 취하기 때문이다. 물권은 배타적인 지배권이므로 제3자에게 그 존재를 명백히 인식할 수 있는 방법(공시방법)을 마련하지 않는다면, 제3자는 예측하지 않은 손해를 입게 될 수 있을 뿐만 아니라, 거래의 안전에도 막대한 지장을 초래하게 된다. 당사자들이 마음대로 물권을 만들면 이들 모두를 공시할 수 없고, 또한 공시를 하더라도 너무 복잡할 수가 있다. 그러므로 법에 이를 미리 한정해 놓고 당사자들에게는 그 선택권만을 부여할 필요가 있는 것이다. 이렇게 하면 거래에 신속하게 대처하지 못한다는 면도 있으나, 이런 경우는 관습법이나 특별법으로 그 해결이 가능하다. 주의할 점은 새로운 물권을 만드는 것이 금지될 뿐만 아니라, 기존의 물권의 내용을 마음대로 바꾸는 것도 불가능하다는 것이다. 현행 민법이 인정하고 있는 물권은 다음과 같다.

(1) 점유권

점유권이란 물건을 지배할 수 있는 법률상의 권원이 있느냐를 묻지 않고서, 단지 점유하고 있다는 사실 그 자체를 중시하여 인정되는 물권을 의미한다. 이러한 관점에서 도둑에게도 점유권은 있다. 이와 반대되는 개념이 본권이다. 본권이란 물건을 사실상 지배하고 있는지 여부를 불문하고, 이를 배타적으로 지배할 수 있는 권리를 말한다. 그런데 점유권과 본권은 중복해서 존재하는 것이 가능하다.

(2) 소유권

소유권이란 물권의 객체인 물건을 전면적으로 지배할 수 있는 권리를 의미한다. 즉 소유자가 자기 마음대로 사용·수익·처분할 수 있는 것을 말하며, "완전물권"이라고도 한다.

(3) 제한물권

소유권은 사용가치·교환가치 모두를 향유할 수 있으나, 일정한 물권은 이 중에서 제한된 가치만을 가지는 것도 있다. 이를 제한물권이라 한다. 제한물권에는 "사용가치"의 지배를 목적으로 하는 용익물권과 교환가치의 지배를 목적으로 하는 담보물권이 있다.

용익물권에는 지상권·지역권·전세권의 세 가지가 있다. 지상권이란 타인의 토지 위에 자신의 건물 기타의 공작물이나 수목을 소유하기 위하여 그 토지를 사용할 수 있는 물권을 말한다(민법 제279조). 지역권은 자기 토지의 편익을 위하여 타인의 토지를 일정한 목적을 위하여 이용하는 물권이다(민법 제291조). 전세권은 전세금을 지급하고서 타인의 부동산을 그의 용도에 좇아 사용·수익한 후 그 부동산을 반환하고 전세금의 반환을 받게 되는 물권을 말한다(민법 제303조 제1항, 제317조).

담보물권에는 유치권·질권·저당권의 3가지가 있다. 유치권은 일정한 채권에 관하여 당사자의 약정이 없더라도 법률의 규정에 의하여 당연히 성립하는 법정담보물권이고, 질권과 저당권은 당사자의 약정에 의하여 성립하는 약정담보물권이다. 유치권은 타인의 물건이나 유가증권을 점유한 자가 그 물건이나 유가증권에 관하여 생긴 채권이 변제기에 있는 경우에는, 변제를 받을 때까지 그 물건 또는 유가증권을 유치함으로써 채무자의 변제를 간접적으로 강제하는 법정담보물권이다(민법 제320조 제1항). 이러한 질권은 채권자가 채권의 담보로서 채무자 또는 제3자(물상보증인)로부터 받은 물건을 유치하여 채무의 변제를 간접적으로 강제하여, 변제되지 않는 경우에는 그 물건으로부터 우선변제를 받을 수 있는 약정담보물권이다. 이러한 질권에는 동산질권과 권리질권이 있다. 저당권은 채무자 또는 제3자가 점유를 이전하지 않고 채무의 담보로 제공한 물건에서 채권자가 우선변제를 받을 수 있는 약정담보물권을 의미한다. 저당권은 담보물권에서 가장 주요한 위치를 점하고 있다. 그런데 질권과 저당권은 같은 약정담보물권이면서도 차이점이 있다. 구체적으로 권리를 설정할 수 있는 대상 등이 문제될 수 있으나, 가장 중요한 차이점은 동산질권에 있어서는 질권자가 그 동산을 점유하는 데 반하여(민법 제329조) 부동산저당권에 있어서는 저당권자가 그 부동산을 점유할 권리가 없다는 점이다(민법 제356조). 그러므로 채무자의 입장에서는 저당권을 더 선호하는 것이다. 이상의 전형적인 담보물권 외에 변칙담보로서 양도담보, 매도담보, 가등기담보 등이 거래계에서 더 애용되고 있다.

3. 물권의 효력

소유권이나 제한물권이나 할 것 없이 모두 물권으로서의 실효성을 가지기 위하여 여러 가지 물권에 특유한 힘을 가지고 있다. 여기에는 우선적 효력과 물권적 청구권의 두 가지가 있다.

물권의 직접적·배타적인 성격 때문에 먼저 성립한 물권이 뒤에 성립한 혹은 성립하려고 하는 물권을 배제하고, 또 일반적으로 채권에 대하여 우월하는 것을 물권의 우선적 효력이라 한다. 자세히 살펴보면, 물권 사이에는 먼저 성립한 물권이 나중에 성립한 물권보다 우선한다. 단, 점유권에는 배타성이 없으므로 우선적 효력도 없다. 예외적으로 주택임대차보호법의 보증금 중 일부분은 시간에 상관없이 우선 보호를 받는다.

물권의 가장 중요한 "힘"은 물권적 청구권에 있다. 그런데 이러한 물권적 청구권의 행사는 물권의 내용이 방해받고 있거나 방해받을 사정이 있는 경우에 인정된다. 민법은 그 구체적인 내용을 점유권과 소유권에서 규정하고 있고(민법 제203조, 제204조, 제205조, 제206조, 제213조, 제214조), 소유권에 관한 물권적 청구권을 다른 물권에 준용하고 있다. 물권적 청구권을 행사할 수 있는 요건은 아주 '단순'하며, 상대방의 "귀책사유(고의나 과실)"를 요하지 아니한다. 이에는 세 가지 종류가 있다. 먼저 자기의 물건에 대한 현실적 지배를 빼앗긴 경우에 인정되는 점유권에 관하여는 "점유의 회수"라고 하며, 이때의 청구권자는 현재의 물권자이고, 상대방은 현재 물건을 소지하고 있는 자이다. 그러나 그 점유자가 점유를 할 정당할 권한이 있는 경우는 그러하지 아니한다(민법 제213조). 그리고 점유를 빼앗는 방법 이외의 방법으로 현실지배를 방해당하고 있는 경우에는 방해의 제거를 청구할 수 있는 방법이 있다. 민법은 소유권에 관하여는 "소유물방해제거 청구권"이라 규정하고 있고(민법 제214조), 점유권에 관하여는 "점유의 보유"라고 규정하고 있다(민법 제205조). 만일에 현재에는 방해당하고 있지는 않으나 방해가 생길 염려가 있는 경우에는 그 예방이나 손해배상의 담보를 청구할 수 있는데, 이를 물권적방해예방청구권이라 하고, 점유권에서는 "점유의 보전"이라는 표현을 쓰고 있다(민법 제206조).

제2절 채권

채권은 특정인(채권자)이 다른 특정인(채무자)에 대하여 특정의 행위(급부·급여)를 청구할 수 있는 권리를 말하며, 물권과 더불어 재산권의 양대 산맥을 형성한다. 거래에 있어서는 보통 물권과 채권 양자는 결합되어 나타난다. 가장 흔한 부동산매매를 예로 들어서 살펴보면, 매도인이 자기 집을 1억 원에 팔기로 매수인과 약정을 한 경우 매매계약은 성립되는데, 이러한 매매계약은 가장 흔하고 주요한 "채권계약"의 일종이다. 그러나 매매계약만으로는 아직 매수인이 그 집을 소유하게 되는 것은 아니다. 만일 그 집을 매도인이 매수인 아닌 다른 사람에게 대금을 받고 등기를 이전해주면, 처음에 사기로 했던 매수인은 이제 그 집에 대한 고유권(물권의 일종)을 가질 수 없다. 여기서 집을 팔기로 하는 매매약속은 해당 가옥의 등기를 이전해 주어야 한다는 법률행위를 따로 남겨둔다. 그래서 매매계약 등의 채권행위를 의무부담행위라 한다. 반면에 등기를 해주면 더 이상 이행할 것이 없어진다는 점에서 이러한 물권행위는 더 이상 이행할 것이 없으므로 처분행위라 한다.

채권이 물권과 구별되는 가장 중요하고 본질적인 성격은 청구권이라는 점과 상대권이라는 점에 있다. 먼저 채권은 특정인이 특정인에게 "청구" 내지 "요구"할 수 있는 권리를 의미하며, 채무자를 지배하거나, 물건의 인도를 목적으로 하는 경우에 있어서도 그 물건을 지배하는 권리는 아니다. 즉, 청구권은 채권의 핵심을 형성한다. 그러나 양자가 동일한 개념은 아니다.

채권은 절대권인 물권과는 달리 "상대권"이라 할 수 있다. 절대권과 상대권의 구별기준은 의무자의 범위에 있는데, 절대권은 특정의 상대방이 없이 누구에게나 권리를 주장할 수 있기 때문에 대세권이라고도 하고, 상대권은 특정인을 의무자로 하여 그 사람에게만 주장할 수 있기 때문에 대인권이라고도 한다. 절대권의 성질로부터 배타성과 자유롭게 양도할 수 있는 성격이 나오는 반면에, 상대권은 채권자평등의 원칙에 따라 배타성이 없고 자유롭게 양도하는 것에 일정한 제한이 있다. 여기서 주의할 점은 물권이 절대권이고 채권은 상대권이라고 해서, 채권침해가 허용되는 것은 아니며, 물권의 침해와 마찬가지로 채권의 침해도 불법행위를 구성한다.

채권은 특정인이 특정인에게 일정한 급부를 요구하는 권리이기 때문에, 채권의 최소한의 효력은 청구할 수 있는 힘과 수령한 것을 보유할 수 있는 힘이라 할 수 있다. 여기서 채무자가 내용에 좋은 급부를 하면(임의이행), 채권자는 만족을 얻고 채권은 소멸한다. 이런 과정을 채무의 이행이라 한다. 따라서 문제는 채무자가 "내용에 좋은 이행"을 하지 않은 채무불이행의 경우이다. 채무불이행의 경우 물건을 주는 채무 등은 강제이행을 하더라도 별 이상이 없으나, 화가가 초상화를 그릴 채무 등의 경우에는 이행을 강제하는 방법은 적당하지 않고 또한 불가능하다. 결국 이때에는 손해배상의 방법에 의할 수밖에 없다.

1. 약정채권

채권의 발생원인은 다양하다. 법률행위를 하는 당사자들 사이의 약정으로도 가능하고, 때로는 직접 법률의 규정에 의해서도 발생한다. 전자를 약정채권이라 하고, 후자를 법정채권이라 한다. 법정채권에는 사무관리·부당이득·불법행위 등이 있다. 물권이 물권법정주의의 원칙 때문에 당사자들이 마음대로 물권의 종류와 내용을 만들거나 변경하지 못하지만, 채권은 원칙적으로 당사자들 간의 합의에 의해서 만들 수 있다. 현행 민법은 그중에서 전형적인 채권계약을 규정하고 있으나, 당사자들이 기존의 계약을 혼합한 계약유형을 만들어낼 수도 있고, 새로운 계약유형을 만들어낼 수도 있다. 그러나 이에 대한 내재적 한계도 있다(민법 제103조). 민법의 전형적인 (약정채권)계약은 다음과 같이 분류가 가능하다.

(1) 재산권이전계약

재산권의 설정·이전 또는 재산권의 급부를 목적으로 하는 계약을 의미한다. 이에는 증여, 매매, 교환, 화해, 종신정기금 등이 있다. 증여는 무상계약의 전형적인 예이고, 종신정기금은 유·무상 계약 모두 가능하다. 나머지 매매·교환·화해 등은 유상계약이다. 그중에서 매매계약은 가장 중요한 채권계약인 동시에, 유상계약이라 할 수 있다. 여기서 유상계약과 무상계약은 계약의 쌍방 당사자가 서로 대가적 의미가 있는 출연(경제적 손실) 내지 출재를 하는지의 여부에 의해서 구별된다. 즉, 이것은 당사자 사이의 급부에 의하여 일방 당사자에게 생긴 재산상의 이득이 그에 상응하는 상대방의 재산상의 손실을 가져오고, 또한 그 상대방의 손실이 이에 상응하는 이득으로 보상되느냐의 여부를 통해서 판가름되는 것이다. 예를 들어서 증여는 당사자 일방만이(증여자) 다른 당사자에게(수증자) 재산권을 주는 것이기 때문에 "무상계약"이고, 매매에서는 매도인은 재산권을 주고 매수인은 금전(매매대금)을 주기 때문에 "유상계약"인 것이다.

(2) 재산권이용계약

일정기간 동안 타인의 물건 또는 재산권을 경제적으로 이용하는 채권계약을 말한다. 민법상의 채권계약 중에서 대차라는 용어가 들어 있는 계약은 모두 재산권이용계약이다. 즉, 사용대차·소비대차·임대차 등이 그것이다. 이 중에서 사용대차는 반드시 "무상"이고, 임대차는 반드시 "유상"이다. 특히 임대차는 매매와 더불어 가장 중요한 채권계약으로 인식되고 있다. 가난한 서민의 입장에서는 임대차계약을 자주 이용하는바, 일정한 경우에는 물권과 같은 강한 배타성을 인정받고 있다. 소비대차는 유·무상 모두 가능하다. 우리가 보통 돈을 빌리고 갚아주는 것은 이 금전소비대차 계약에 해당한다.

(3) 노무계약

사람의 노동력 공급을 목적으로 하는 계약을 말한다. 우리 민법에 규정되어 있는 고용·위임·도급의 세 가지 종류가 여기에 해당한다. 고용은 노무 자체를 공급하는 데에 특징이 있다. 그러나 사회법의 영역에 속하는 노동법에 상세한 규정이 많기 때문에 민법의 고용조항이 적용되는 일은 별로 없다고 할 수 있다. 도급은 일의 완성이라는 결과를 중시하는 데에 그 특징이 있다. 신문지상에서 많이 볼 수 있는 "하청"이란 용어도 도급계약에서 다루어진다. 위임은 신임에 기하여 위임인이 부탁한 사무를 처리하는 데에 그 특징이 있다. 이상의 노무계약들은 사람과의 신뢰성이 계약의 주요 부분을 형성한다.

(4) 임치계약

임치계약은 물건의 보관을 목적으로 하는 계약이다. 이는 유상으로도 가능하고, 무상으로도 가능하다. 앞의 위임은 유·무상을 불문하고 다하여야 하나, 임치는 유상의 경우에만 선관주의의무를 지고, 무상인 경우에는 자기물건을 관리하는 정도의 주의를 기울이기만 하면 된다. 여기서 선관주의의무란 한 관리인의 주의의무를 의미하고, 거래상 보통인이라면 누구나 기울여야 할 주의의무를 의미한다. 이는 다소 추상적인 표현이기 때문에 재판에서 구체적으로 판단된다. 예를 들면 돈을 받고서 물건을 보관하는 사람은 그 물건의 분실에 대해서 책임을 져야 하나, 단순히 친구의 부탁을 받고서 물건을 보관하는 경우에는 분실에 대하여 책임을 지지 아니한다.

(5) 단체계약

단체계약은 단체의 결성을 목적으로 하는 계약을 의미하는데, 민법에 규정되어 있는 조합이 그 대표적인 예다. 여기서 중요한 점은 조합과 사단간의 구별이라 할 수 있다. 사단은 법인의 일종으로서 "인격"을 가지고 있다(여기서 인격이란 도덕적인 의미에서 인격은 아니다). 그렇기 때문에 사단자체가 법률행위를 할 수 있으며, 책임도 그 구성원이 부담하지 아니하고 사단 '자체'가 부담한다. 이에 반해 조합은 단순한 채권계약으로서 법인격을 향유하지 못하고, 책임도 구성원들 스스로가 각자 부담해야 한다. 다만, 조합이라는 용어가 들어간다 해서 모두 민법상의 조합은 아니다. 예를 들어 "농업협동조합"은 조합이라는 용어를 사용하고 있지만, 그 실질은 법인격을 가진 단체로서 민법상 사단법인의 성격을 갖고 있다.

2. 법정채권

(1) 사무관리

우리들은 사회생활을 해나가면서 자기 자신의 일이 아닌데도 불구하고 그 일을 하는 경우가 많다. 타인이 부재 중에 그 집에 수도관이 파손되어 물이 넘쳐흐를 때 수도관을 수리하여 주는 경우도 있고, 친구 집에서 친구가 잠깐 시장에 갔을 때 그 친구의 많지 않은 세금을 대신 내주는 경우도 있다. 이와 같이 법률상의 의무 없이 타인을 위하여 그의 사무를 처리하는 행위를 사무관리라 한다. 민법은 제734조 이하에서 이를 인정하고 있다. 민법상의 일반법이론과 마찬가지로 사무관리도 '줄 사람'과 '받을 사람'의 이익을 균형 있게 해결하는 것이 가장 중요한 문제이다.

사무관리는 적법한 행위이다. 그중에서도 당사자가 법이 정한 요건(의무 없이 타인의 사무를 관리하는 것)을 충족하며 당연히 인정되는 "준법률행위" 혹은 "법률적 행위"이다. 당사자가 사무관리의 효과 발생을 원하지 않더라도 당연히 사무관리는 성립하는데, 이런 사무관리의 형태는 '사실행위'일 수도 있고, '법률행위'일 수도 있다.

관리인은 본인과의 관계에서 다음과 같은 의무와 권리를 가진다. 먼저 의무를 살펴보면 다음과 같다. 관리인은 관리자가 본인의 의사를 알거나 알 수 있는 때에는 그 의사에 적합하도록 관리하여야 하며(민법 제734조 제2항), 본인의 의사를 알 수 없는 때에는 사무의 성질에 좇아 가장 본인에게 이익이 되는 방법으로 관리하여야 한다(민법 제734조 제1항). 이상의 기준에 위반하여 손해가 발생한 경우에는 관리자에게 과실이 없더라도 책임을 져야 한다. 다만 관리행위가 공공이익에 적합한 때에는 중대한 과실이 없으면 배상할 책임이 없고(민법 제734조 제3항 단서), 관리자가 타인의 생명·신체·명예 또는 재산에 대한 급박한 위해를 면하게 하기 위하여 그 사무를 관리할 때에는 고의나 중대한 과실이 없으면 이로 인한 손해를 배상할 책임이 없다(민법 제735조). 그 외에 관리인은 통지의무(민법 제736조), 관리계속의무(민법 제737조), 보고의무(민법 제738조), 취득물 등의 인도·이전의무(민법 제738조) 등이 있다.

관리인은 다음과 같은 권리도 가지고 있다. 먼저 관리인은 본인에 대하여 비용상환청구권을 가지지만, 사무관리가 본인의 의사에 반하느냐의 여부에 따라 청구범위가 달라진다(민법 제739조). 그리고 관리인은 사무관리를 하면서 과실 없이 손해를 받은 때에는, 본인의 현존이익의 한도 내에서 그 손해의 보상을 청구할 수 있다(민법 제740조).

그러나 민법은 관리인과 본인과의 내부관계에 대해서만 규정하고 있기 때문에, 사무관리가 법률행위의 방식으로 행해진 경우에, 그 효과가 본인에게 당연하게 귀속하는 것은 아니다. 예를 들자면 A가 B의 부서진 담을 고치고자 C와 도급계약을 맺은 경우, B와 C 사이에는 직접적인 문제가 생기지 아니한다.

(2) 부당이득

민법 제741조는 "법률상 원인 없이 타인의 재산 또는 노무로 인하여 이익을 얻고 이로 인하여 타인에게 손해를 가한 자는 그 이익을 반환하여야 한다"라고 규정하여 부당이득반환청구권을 인정하고 있다. 부당이득이란 글자 그대로 "부당"하게 "이익"을 얻는 것을 말한다. 예컨대 채권자에게 채권액전부를 변제하고, 그 후에 이러한 채무변제사실을 잊어버린 채무자가 다시 변제한 경우가 대표적인 예이다. 만약에 채권자에게 두 번째 변제한 돈까지 가지게 한다면 이는 정의와 공평의 원칙에 어긋난다. 사무관리와 마찬가지로, 법이 정한 부당이득의 요건에 해당하면 당연히 발생하는 법정채권의 일종이다. 그 법적 성질은 사람의 행위와는 상관없는 사건이다.

부당이득은 크게 두 가지 유형이 있다. 가령 매매계약에서 계약의 목적물이 불가항력으로 멸실된 경우에는 매도인의 대금청구권이 소멸하므로(민법 제537조), 매도인이 매수인으로부터 이미 받았던 매매대금은 부당이득이 된다. 이런 경우는 부당이득이 급부행위로 인해 발생한 경우이므로 급부부당이득이라 한다. 이와는 달리 예컨대 아무런 권리가 없는 사람이 타인의 물건을 사용하여 그 이득을 얻은 경우 등은 이득이 "급부행위 이외의 사유"로 발생한 경우라 할 수 있다. 이런 경우는 부당이득이 경합할 수도 있다.

부당이득은 법률상 원인 없는 수익을 얻고 또 수익에 상응하는 손해가 발생한 경우에 성립한다. 이러한 부당이득이 성립하면, 수익자는 그 이득을 반환하여야 하는데(민법 제741조), 그 이득을 반환할 수 없는 경우에는 그 가액을 반환하여야 한다. 선의의 수익자는 그 받은 이익이 현존하는 한도에서 반환하면 되지만(민법 제748조 제1항), 악의의 수익자는 그 받은 이익에 이자를 붙여 반환하고, 손해가 있으면 그 손해를 배상하여야 한다(동조 제2항).

수익자의 무자력 등으로 수익자가 그 이익을 반환할 수 없을 경우에는, 수익자로부터 무상으로 그 이익의 목적물을 양수한 악의의 제3자가 원물반환 내지 가액반환의 책임을 져야 한다(민법 제747조 제2항).

그러나 일정한 경우에는 부당이득반환청구권의 행사가 제한된다. 먼저 비채변제의 몇 가지 경우는 부당이득반환청구가 인정되지 않는다. 구체적으로 채무 없음을 알고서 변제한 경우(민법 제742조), 채무 없음을 모르고 변제하였더라도 그 변제가 도의관념에 적합한 경우(예컨대 법률상 부양의무가 없는 자가 부양의무가 있다고 착각하여 부양을 한 경우) 등은 그 반환을 청구하지 못한다.

"변제기 전의 변제"는 비채변제가 아니며, 채무자는 기한의 이익을 포기하는 것이 가능하므로(민법 제153조 제2항) 채권자에게 부당이득이 생겼다고 할 수는 없다. 그래서 반환청구를 하지 못하는 것이 원칙이다(민법 제743조 본문). 다만, 채무자가 착오로 인하여 변제기가 도래한 것으로 오신하고 변제한 때에는, 채권자는 이로 인하여 얻은 이익을 반환해야 한다(동조 단서). 예컨대 채권자가 원래는 5월에 받기로 하였으나 4월에 받은 경우, 1달 동안 이자부 소비대차를 통해서 얻은 이자만큼의 가치는 채무자에게 반환하여야 한다.

앞에서 선량한 풍속 기타 사회질서에 어긋나는 사항을 내용으로 하는 법률행위는 무효라 하였다(민법 제103조). 따라서 이런 사회질서에 어긋나는 사항을 내용으로 하는 법률행위를 기초로 급부한 것이 있으면, 그것은 원인무효가 되어 반환되어야 하는 것이 원칙이다. 그러나 만일 그렇게 하지 않는다면 민법 제103조의 규정은 그 의미를 잃어버리게 된다. 여기서 민법 제746조는 "불법의 원인으로 인하여 재산을 급여하거나 노무를 제공한 때에는 그 이익의 반환을 청구하지 못한다. 그러나 그 불법원인이 수익자에게만 있을 때에는 그러하지 아니하다"라고 하여, 민법 제103조의 실효성을 그 반대편에서 지지하고 있다. 물론, 수익자가 스스로 반환하는 것은 상관없다.

(3) 불법행위

불법행위는 고의 또는 과실로 타인에게 손해를 주는 위법행위를 말한다. 불법행위는 그 종류가 다양하다. 타인을 속여 타인의 금전을 가지는 경우, 타인을 죽이는 경우 등 여러 가지이다. 여기서 엄밀하게 따져보면 형법에서 다루는 범죄 역시 불법행위의 일종이라는 것을 알 수 있다.

형법의 영역에서는 형벌이라는 공적인 제재수단으로 범죄에 대응하고 있으나, 민법의 영역에서는 손해배상을 통해서 모든 불법행위에 대응하고 있다. 여기서 중요한 것은 불법행위를 한 자와 이로 인해서 손해배상을 받을 자의 이익을 공평하게 처리하는 것이라 할 수 있다.

잘못을 한 사람만이 책임을 지고, 또 잘못한 만큼만 책임을 진다는 원칙은 민법이나 형법이나 마찬가지로 모두 적용되는 원칙이라 할 수 있다. 다만 형법에서는 원칙적으로 고의행위에 대해서만 책임을 지지만, 민법의 영역에서는 과실에 대해서도 원칙적으로 책임을 진다. 물론 그 과실도 행위자 본인의 과실임을 요한다.

위법한 행위에 대하여 형법은 인간이 참기 힘든 형벌을 부과하지만, 민법은 최종적으로 '금전'에 의한 보상으로 대처한다. 그 때문에 민법의 영역에서는 무과실책임주의를 예외적으로 인정하는 경향이 있다. 그 이유는 다음과 같다. 과학기술의 발달은 인간의 생활수준을 상당한 정도로 향상시켰다. 그러나 이에 동반한 위험도 역시 증대되었다. 예컨대 많은 공해물질을 배출하는 중화학 공업단지가 많은 공단을 생각해 보자. 현대과학기술로도 막을 수 없는 오염물질이 배출되어 주민들의 생명과 신체에 해를 준 경우, 엄격하게 과실책임주의를 적용하면 이 경우 피해주민의 구제를 위해서 공장 측에 과실책임을 물을 수는 없다. 그러나 기업은 이러한 피해자의 희생하에 막대한 이익을 얻고 있으므로, '형벌'이 아닌 민사상의 손해배상을 부과하더라도 기업에게 그렇게 크게 '억울한' 일은 아니라 할 것이다. 사회전체의 입장에서 보면 공평한 조치일 수 있는 것이다. 이런 취지에서 민법과 달리 일부 법령은 부분적으로 무과실 책임을 인정하고 있다.

'일반적인' 불법행위가 성립하려면 네 가지의 요건이 필요하다. 먼저 고의·과실이 있어야 한다. "고의"란 일정한 결과가 발생하리라는 것을 알면서 이를 행하는 심리상태를 말하고, "과실"이란 자기 행위로 일정한 결과가 발생할 수 있음을 알고 있거나 알 수 있었음에도 불구하고 거래상주의의무를 다하지 못한 행위자의 태도를 말한다. 형법의 영역과는 달리, 민법의 영역에서는 원칙적으로 양자의 구별실익이 없다. 여기서의 과실은 사회의 평균인이면 지켜야 할 회피의무의 태만이다. 고의와 과실에 대한 입증책임은 원칙적으로 피해자가 부담한다.

위의 고의·과실이 있다고 하는 것은 일정한 판단능력을 갖추고 있다는 것을 전제로 하는데, 이러한 판단능력을 불법행위에서는 책임능력이라 한다. 책임무능력자(미성년자로서 그 행위의 책임을 변별할 능력이 없는 자, 심신상실자)는 불법행위에 대해서 책임을 지지 아니하며, 책임무능력자의 감독자가 대신 책임을 진다(민법 제755조). 만일 가해자 쪽에서 책임을 면하려면 책임무능력의 사실을 스스로 입증하여야 한다.

행위는 위법한 것이어야 한다. 위법하다는 기준은 전체 법질서의 입장에서 내린다. 위법성을 조각하는 사유로는 민법 제761조에 규정된 정당방위와 긴급피난, 그 이외에 자력구제, 피해자의 승낙, 정당행위 등도 포함한다.

마지막으로 가해행위로 인해 손해가 발생하여야 한다. 행위와 손해 사이에 인과관계가 있어야 함은 물론이다. 손해를 무조건 배상해야 하는 것은 아니고, 통상손해와 특별손해의 법리에 따라 구체적인 배상범위가 확정된다.

이상의 '일반적인' 불법행위와는 다른 "특수한" 불법행위가 민법에 규정되어 있다. 책임무능력자의 감독자의 책임(민법 제755조), 사용자의 배상책임(민법 제756조), 공작물 등의 점유자, 소유자의 책임(민법 제758조), 동물점유자의 책임(민법 제759조) 등은 일종의 위험책임 내지 보상책임의 아래에 고의·과실의 입증책임을 가해자에게 전환시킨 중간적 책임의 형태로 구성되어 있다. 공동불법행위자의 책임(민법 제760조)은 공동으로 불법행위를 한 자에게 있어 연대책임을 인정함으로써 책임을 더 무겁게 하고 있다.

법학개론

4편

형법

제1장 형법상의 기본원칙

형법의 임무와 목적은 사회생활에서 중요한 법익보호를 통하여 인간의 평화로운 공동생활을 유지하게 하여, 우리 모두가 최소한의 인간다운 생활을 확보케 하는 데 있다. 그러나 이러한 기능도 헌법의 기본원리인 법치국가적 기본원리 한계 안에서 행해져야 한다. 그렇게 해야만 형벌을 수단으로 하는 형법이 개인생활의 과도한 침해를 방지할 수 있기 때문이다. 형법에 대한 이와 같은 법치국가원리는 형법의 제1목적을 인간의 존엄성보장에 두고, 이의 보장실현을 위해 죄형법정주의와 책임주의 및 최후수단성의 원리가 실천원리로서 요구되는 것이다.

제1절 죄형법정주의

형법을 공부하는 사람이 처음으로 접하는 내용이 죄형법정주의라 할 수 있다. 그런데 이 원칙은 특히 형법의 영역에서 중요하다. 형법은 "사람의 사회적 일탈행위 중 사회적 중요한 법익보호를 위해 불가피한 일정한 유형의 침해행위를 범죄행위로 정하고 그에 대해서 일정한 형벌을 법의 형식으로 부과하도록 규정"하고 있다. 여기서 죄형법정주의의 원칙이란 말 그대로 범죄와 형벌을 법으로 정한다는 의미이다. 그 이유는 형벌이라는 것은 인간이 참기 어려운 고통을 본질로 하고 있기 때문에 형벌을 부과해야 할 범죄의 대상은 사회질서유지를 위해 불가피한 경우에 한하여야 할 뿐만 아니라, 죄의 성립요소와 위반행위에 대한 형벌도 법에 의해 미리 명백하게 규정해야 할 필요성이 있다. 그렇기 때문에 죄형법정주의에는 원칙적으로 형법에 관한 모든 것을 법으로 정해야 한다는 기본 사상이 깔려 있다.

죄형법정주의가 지금 우리의 입장에서 보면 아주 당연한 것으로 받아들여지고 있으나, 과거에는 사정이 그러하지 아니하였다. 형벌권은 국가의 질서를 확립케 하는 최후의 수단이다. 그러나 그 형벌권은 그것을 지배한 자가 언제나 남용하는 경향을 갖고 있다. 예로부터 권력을 가진 세력이 권력을 남용한다는 것이 불변의 진리인 것은 지나간 세계역사의 자취가 보여주고 있고 지금도 예외는 아니다. 권력을 가진 세력은 법이라는 미명 아래 형벌권을 남용하여 기본권의 향유자인 국민의 권리를 유린하였는데, "죄형전단주의"가 이를 잘 말해준다. 시민들의 행복과 질서를 보장해야 할 법과 권력이 본연의 역할을 다하지 못하고, 오히려 그 반대 상황을 발생시킨 것을 경험으로 체득한 국민들은 그들 의식의 성숙에 비례하여 그에 대한 대책을 준비해 왔다. 즉 법은 반드시 필요하다는 전제 하에서 다만 그 법은 시민을 대표하는 의회의 동의를 얻은 것이어야 하고, 그 내용도 국민들이 어떤 내용을 규정하고 있는지에 대해서 명확히 알 수 있도록 규정되어 있어야 한다는 점을 권력담당자에게 요구하기에 이르렀다. 이러한 요구는 때로는 협상을 통해서, 또 어떤 경우는 혁명을 통해서 이루어졌다. 결국 이러한 과정을 유추해 보면 죄형법정주의는 보통시민의 권리를 위한 법이론이라는 것을 알 수 있다. 이 점은 죄형법정주의의 파생원칙에 대한 설명에서 중요한 지침을 마련해준다. 죄형법정주의의 원칙은 다음과 같은 구체적 의미의 파생원칙으로 설명할 수 있다.

1. 성문법의 원칙(관습형법배제의 원칙)

인간 공동체가 금지하는 범죄행위의 구성요소가 무엇인지와 또 그에 따르는 형벌은 반드시 성문법의 형식으로 규정되어야 한다는 원칙이 관습법배제의 원칙 또는 성문법의 원칙이다. 성문법이 무엇인지는 앞에서 살펴보았다. 가장 중요한 성문법은 국회가 헌법에 규정된 절차에 따라서 제정한 법률이다. 여기서 중요한 점은 법률은 문서로 되어 있기 때문에 내용을 분명히 알 수 있고, 또한 그 변경이 쉽지 않다는 사실이다. 그리고 법의 제정에 시민이 직접 선출한 의회의 동의를 요구하기 때문에 시민의 의사를 반영할 수 있고, 또 의회를 통과한 법률은 시민의 의사를 반영했다는 정당성도 부여받을 수 있다. 오늘날 고전적 권력분립주의 원칙이 사회국가화 경향과 정당의 역할 증대로 많이 변질되었으나, 아직도 법률안 성립의 의결권은 국회만이 가지고 있기 때문에 그 기본적인 정신은 변하지 않았다고 보여진다. 단지 예외적으로 명령에 의해서도 법률의 위임의 범위에서 형벌법규의 제정이 가능하다. 우리 헌법 제75조에는 법률에서 구체적으로 범위를 정하여 행정부 등에 형벌법규의 제정을 위임할 수 있다는 취지의 내용을 규정하고 있다. 다만 위임입법을 할 때에는 범죄와 형벌의 종류와 범위를 구체적으로 제한해야 한다. 그러므로 위임입법으로서 전혀 새로운 종류의 범죄성립요건이나 또는 사형이나 무기형 같은 형벌을 과할 수는 없다.

그러면 불문법은 전혀 그 기능을 하지 못하는 것인가? 그렇지 않다. 앞에서 설명한 바와 같이 죄형법정주의 원칙이란 보통시민의 자유와 권리를 지키기 위한 법원리이기 때문에, 범죄인에게 유리한 관습법의 적용을 부정하지 아니한다. 우리 형법 제20조에 규정되어 있는 "사회상규"라는 기준을 해석함에도 역시 관습은 중요한 판단의 기준을 제시한다.

2. 명확성의 원칙

　　명확성의 원칙은 법률에 범죄와 형벌을 가능한 한 명확하게 명시하여야 법적용시 법관이나 수사기관의 자의적 법적용을 방지할 수 있고, 국민으로서도 어느 행위가 형법에서 금지되고 그 행위에 대하여 어떠한 형벌이 과하여지는가를 예측할 수 있게 되는 죄형법정주의의 또 다른 표현이라 할 수 있다. 바로 행위자의 예측가능성으로 인하여 규범의 의사결정 효력을 담보할 수 있다는 데에 명확성의 원칙의 근거가 있다.

　　인간사회에서 법은 반드시 필요하다. 앞에서도 언급한 바와 같이 법은 한편으로는 인간생활을 억압하는 면이 있지만, 다른 한편으로 결국 인간을 편안하게 만드는 것이라 할 수 있다. 형법은 매우 고통스러운, 경우에 따라서는 생명까지도 빼앗을 수 있는 형벌을 수단으로 하고 있어서, 형법전에 규정된 내용이 보통의 지식수준을 가지고 있는 사람이면 누구나 알 수 있을 정도로 명확하게 규정이 되어 있어야 그와 같은 형벌로부터 자유로울 수 있다.

　　그런데 만일 우리 형법전에 다음과 같은 규정이 있다고 가정해보자. "사회질서를 어지럽히거나 그러할 염려가 있는 행위를 한 자는 형벌에 처한다". 이런 규정이 있으면 일반인들은 크게 두 가지 점에 의문을 가질 것이다. 첫째로 과연 사회질서를 어지럽히는 행위란 무엇이며, 그 기준은 어떤 것인지, 둘째로 형벌의 의미와 종류는 무엇이며 그 정도는 어떠한 것인지를 일반적으로 알 수가 없다. 물론 법조문을 규정할 때에는 사회의 변화를 고려해서 다소간 추상적 용어를 사용할 수도 있는 것이지만, 그렇다 하더라도 이처럼 법조문이 지나칠 정도로 추상적이면 행위자는 무엇을 금지해야 하고 또한 그 금지규범에 위반했을 때 무슨 이유로 어떤 형벌을 받게 되는지 알 수가 없다. 이런 점에서 형법은 가능하면 행위자가 금지하는 규범내용뿐만 아니라, 규범에 위반될 경우 부과될 형벌의 종류와 정도를 합리적인 해석을 통하여 이해할 수 있도록 엄격하게 명확성을 가져야 한다.

3. 소급효금지의 원칙

　　언론보도를 통해 사회적으로 나쁜 행위이지만 처벌법규가 없기 때문에 처벌하지 못한다는 내용을 들은 경우가 있을 것이다. 죄형법정주의의 원칙 때문에 그럴 수밖에 없다고 생각하면서도, 한편으로는 개운치 않을 것이다. 법망을 교묘하게 피해가는 사람들을 보면 화가 날 것이며, 지금이라도 법을 만들어서 처벌해야 한다는 생각을 한번쯤 해보았을 것이다. 그리고 권력자의 눈을 통해서 보면 꼭 범죄행위를 하였지만, 법률전문가들은 처벌 법조항이 없다고 할 경우도 있을 것이다. 권력자의 입장에서는 그들에 대해 어떻게 해서든지 범죄자의 낙인을 찍고자, 새로이 법을 만들어 과거에 범했던 행위까지 포함하여 처벌하고 싶겠지만, 이러한 의도를 차단하는 것이 죄형법정주의의 원칙이다. 즉, 범죄인은 행위시에 있는 법만으로 처벌 가능하다는 원칙이 바로 소급효금지의 원칙이다.

　　소급이란 말은 거슬러 올라간다는 말이다. 법이 제정·공포되어 시행되는 시점에서 판단할 때, 범죄인의 범행시간이 이러한 법에 앞서 일어났고, 그럼에도 불구하고 이 법이 적용된다면, 이 법은 소급 적용된 것이다. 그렇기 때문에 범행을 할 당시에는 처벌할 수 있는 법이 없었지만 그 후에 그와 유사한 행위를 처벌하기 위하여 법을 새롭게 제정하여 그 법에 의하여 처벌한다면, 범죄인의 입장에서는 과거의 행위에 대하여 소급하여 처벌받는 결과가 되고 만다. 이것은 일반인들이 지닌 법의 신뢰기능을 상실케 하고 법적 안정성을 근본적으로 흔드는 결과를 초래한다. 이러한 소급효금지의 원칙은 또 사후에 형을 가중하는 경우에도 적용된다. 다만 이들 경우와는 반대의 경우, 즉 행위시에는 처벌하는 법이 있었으나 재판도중에 없어지거나 형이 감면된 경우에는 범죄인에게 유리하기 때문에 새로운 법이 적용된다. 자세히 설명하면, 재판 전이나 재판을 받는 도중에 법이 폐지되면 면소의 판결을 받게 되고, 재판확정 후에 법이 없어지게 된 경우에는 형의 집행을 면제받게 된다. 그리고 형법에는 명문의 규정이 없으나 이 원칙은 보안처분에도 적용된다는 것이 일반적인 입장이다. 그러나 절차법인 형사소송법에서는 이 원칙이 적용되지 않는다는 것이 일반적이다.

4. 유추해석금지의 원칙(엄격해석의 원칙)

명확성의 원칙이 입법자에게 주어진 의무라면, 유추해석금지의 원칙은 법적용자인 법관에게 주어진 과제이다. 우선 "유추"가 무엇인지 알아보자. 어떠한 법규범이라도 해석은 반드시 필요하다. 여기서 유추란 법적용자인 법관이 허용된 범위를 벗어나서 법률에 규정이 없는 사항에 대하여 그것과 유사한 성질을 갖는 사항에 관한 법률을 적용하는 것을 말한다. 대표적인 예로 타인에게 전화를 거는 것이 우리 형법 제319조에 규정된 주거침입죄에 해당된다고 해석하는 것이 대표적인 유추해석이라 할 수 있다. 일반해석이 법의 의미내용을 밝히는 데에 그 목적을 두고 있는 것에 반해서, 유추해석은 법의 흠결을 보완하는 데에 그 목적이 있다. 형법에서는 유추해석이 금지되는 데 반해, 형사소송법에는 유추해석이 허용된다는 것이 일반적인 입장이다.

유추해석을 금지하는 이유는 피고인의 인권보장을 위해서이다.

여기서 고전적 권력분립원칙을 다시금 생각해보자. 법을 만드는 기관은 국회이고, 법을 적용하는 기관은 법원이다. 즉, 법원은 법을 만드는 기관은 아닌 것이다. 여기서 사법부(법관)가 법문에 규정된 내용을 해석함에 있어서, 그 법문의 본래의 내용을 찾는 것이 아니라 전혀 새로운 법을 창조하거나 형성해서 피고인에게 불이익을 준다면 이는 법이론 상으로 옳지 못한 일이다. 앞서 설명한 바와 같이 우리나라에서는 판례의 법원성은 인정되지 아니하고 있다. 그러나 일반국민이 직접 법률과 만나는 형식은 법원의 판결이라는 모습을 띠기 때문에 판결의 중요성은 새삼 강조하지 않더라도 누구라도 느낄 수 있다 하겠다. 더구나 우리 법제에서는 법원의 유추나 확대해석에 의한 판결(구체적으로 대법원의 판결)에 대해 그 판결의 오류를 바로 잡기 위한 구제절차로는 비상상고나 재심 외에는 더 이상의 구제방법이 없다. 그 이유는 법원의 판결에 대해서는 헌법소원을 제기할 수 없기 때문이다. 그렇기 때문에 평소에 학자들에게 올바른 연구를 통해서 유추해석을 방지하려는 노력이 요구된다. 유권해석을 하는 법관도 마찬가지이다. 물론 앞서의 원칙과 마찬가지로 피고인에게 유리한 유추해석은 허용된다는 점에서 결국 유추해석도 정당한 해석인가의 여부에 그 타당성이 달려있다 하겠다.

5. 적정성의 원칙

적정성의 원칙은 이미 위에서 언급한 여러 원칙에 비해서 최근에 주창되고 있는 원칙이라 할 수 있다. "법률 없으면 범죄 없고 형벌도 없다"는 죄형법정주의는 형식적인 의미의 법률을 그 대상으로 삼고 있다. 이 점만을 중시하면 그 형식만을 강조하고 '실질적인 내용'을 무시할 염려가 있다. 지구상에 있는 문명국가 치고 법치주의를 부정하는 나라는 없다. 그러나 법이 있는 나라라고 해서 모두 '올바른' 법치주의를 하고 있다고 하지는 않는다. 즉 여기서도 인권, 정의, 자유 등의 법치주의의 실질적인 개념을 그 판단의 기준으로 할 수밖에 없다. 내용까지 올바른 것이 요구되는 원칙이 적정성의 원칙이다.

법규범은 예외적으로만 적용되어야 한다. 그렇기 때문에 도덕과 같은 다른 사회규범이 충분하게 자기 역할을 할 수 있으면 법은 자제를 하여야 하며, 도덕으로 해결할 수 있는 자세한 사항까지 법에 규정하는 것은 바람직하지 못하다. 특히 형법의 경우는 더욱 이런 보충성의 요구가 필요하다. 그렇기 때문에 다른 규범에 의해서 규율이 가능한 사항은 형법에 규정하여서는 아니 된다. 즉 필요가 없으면 형벌도 없어야 한다는 것이다. 그리고 설사 범죄로 규정되었다 하더라도 그에 대응하는 형벌은 그

'정도'를 벗어나서는 아니 된다. 따라서 그 기준은 다음 부분에서 구체적으로 설명하는 "책임주의"나 "비례성의 원칙"이 그 기준이 될 것이다. 절도죄를 범한 사람에게 사형을 과해서는 아니 될 것이다. 이런 취지에서 우리 헌법재판소도 특정범죄가중처벌등에관한법률 제5조의3 제2항 제1호 (피해자를 치사하고 도주하거나 도주 후에 피해자가 사망한 때에는 사형, 무기 또는 10년 이상의 징역에 처한다)에 규정된 법정형이 너무 과중하고 가혹하다 하여 헌법에 위반된다고 결정하였다. 위의 법률은 적정성의 원칙에 어긋나는 것이라고 볼 수 있다.

제2절 책임주의

인간이라면 제한된 범위 내이긴 하지만 사물의 인과과정을 조종하고 지배·형성하는 탁월한 능력을 가졌을 뿐만 아니라, 그 과정에서 야기되는 위험을 예상하고 그것을 회피하는 능력까지도 있다고 보아야 한다. 인간은 이러한 능력을 바탕으로 그의 과학적 지식에 기초하여 자신의 활동을 지배하거나 조절함으로써 우리의 문화형성에 기여하는 활동을 할 수 있는 존재이다. 그렇기 때문에 인간은 사회 침해적 행동을 회피할 수 있는 능력을 갖고 있고, 또한 그러한 침해적 행동을 회피해야 할 책무도 지고 있다. 이와 같이 공동생활에 위험이 되는 행동을 피할 수 있음에도 불구하고 위험을 야기한 자에 대하여는 최후의 수단인 형법적 대응을 하게 된다.

형법은 바로 이러한 인간의 활동능력과 사회적 책무를 전제로 하여 사회방위를 위해 불가피한 경우에 개입하는 것이다. 책임은 바로 이러한 인간에게 자신의 고유한 잘못에 대하여 가해지는 비난이다. 따라서 형법상의 책임을 이러한 한도로 이해할 때, 해당사건에 관하여 위법하고 유책한 행위의 주체에 한정하여 소추할 수 있을 뿐이고 이를 자의적으로 확장하여 그 책임의 범위를 타인에게 확대하여 적용할 수는 없는 일이다.

그런데 법이라고 하는 것은 우리가 지킬 수 있는 것을 국민의 이름으로 우리에게 요구하는 것이다. 즉 법은 우리가 할 수 없는 것을 요구해서는 안 된다. 요구할 수 없는 것에 대한 요구는 결국 우리가 그것에 대해 책임을 질 수 없는 것을 말한다. 즉 구체적으로 우리가 책임질 일이 없는데도 불구하고 우리에게 책임을 지게 한다든지, 책임을 질 정도를 넘어서 과도한 책임을 부담하게 하는 경우, 우리는 그에 대해 책임을 질 수 없다. 이런 당연한 사실을 우리는 책임주의라고 부른다. "책임 없으면 형벌 없다"라는 명제로 표현되는 것은 보통 다음의 의미를 가진다고 볼 수 있다.

책임원칙은 단순히 형법상의 원칙일 뿐만 아니라, 헌법상의 원칙이기도 하다. 인간의 존재 그 자체는 자유의사에 의한 활동으로 자기의 것을 확보하려는 과정에서 타인과 일정한 관계를 맺게 된다. 인간은 기본적으로 자기 스스로 자기의 행위를 결정하여 그 행위에 따른 성과를 자기의 것으로 하고, 반면에 잘못된 것이 있으면 자기가 잘못한 만큼 책임을 지는 것이다. 그것이 일반 민사관계이건 형사관계이건 그 기본원리는 동일하다. 그러나 형법의 영역에서는 이 원칙은 엄격하게 적용되어야 한다. 왜냐하면 형법은 인간을 가장 구속하는 형벌을 규정하고 있기 때문이다. 그러므로 형벌을 과하는 데에 있어서 책임은 반드시 고려되어야 하며, 그 책임의 정도에 따라 형벌이 부과되어야 한다. 그렇지만 불법 여부를 판단하고 그에 따라 행위결정을 할 능력이 전혀 없는 인간은 책임능력이 없기 때문에, 그러한 책임무능력자를 처벌하는 것은 책임원칙에 반한다고 보아야 한다. 그렇기 때문에 책임원칙은 앞서 설명한 죄형법정주의와 연결된다.

또한 책임주의라는 것은 범죄가 성립하려면 해당 범죄행위자에게 책임이 있어야 한다는 것을 의미한다. 즉 책임은 형벌을 과할 수 있는 근거를 제공한다. 범죄는 행위자의 개인적 작품이라 할 수 있다. 그렇다면 누가 그리고 어떤 경우에 형사책임을 면할 수 있는가? 그런 경우란 행위자가 너무 어리거나(형법 제9조; 형사미성년자), 사리판단이나 의사결정을 할 수 없거나, 아니면 그러한 능력이 미약한 경우(형법 제10조; 심신장애인과 심신미약자), 농아자이거나(형법 제11조), 저항할 수 없는 폭력에 의해서 행위를 한 경우(형법 제12조; 강요된 행위), 그리고 강제력이 있는 상사의 명령에 의해서 행위한 경우, 자기의 행위가 죄가 아니 된다고 상당한 이유에 의해서 믿고 행위한 경우 등은 행위자를 비난할 수 없거나 약하게 비난할 수밖에 없기 때문에 책임이 아예 없거나, 그 정도가 제한되게 된다.

그리고 책임원칙은 범죄가 일단 성립하여 행위자를 처벌하게 되어도 그 형벌은 행위자의 행위책임의 한계 내로 제한될 것을 요구한다. 다시 말해서 형벌은 책임에 부합해야만 하며, 적어도 그 상한선이 책임에 의해 제한되어야만 한다.

제3절 최후수단의 원칙

형법은 형벌이라는 수단을 사용하여 범죄를 예방하고, 범죄자에게 제재를 가한다. 그런데 그 형벌의 본질은 인간이 참기 힘든 고통을 속성으로 하고 있기 때문에, 형벌은 그것을 받는 당사자에게 치명타가 되어 그 자의 생애를 좌우하는 무서운 기능을 한다.

그 때문에 형법은 필요하다 해도 언제나 무조건 개입해도 되는 것이 아니다. 그러므로 형법은 필요하다고 해서 어떤 행위에나 무조건 개입할 수 있는 것이 아니라, 사회질서를 근본적으로 뒤흔들어 결코 용납해서는 안 되는 중요한 법익침해에 대해서만 개입해야 한다. 다시 말해 형벌 자체가 인간이 참기 힘든 고통인 점을 감안한다면, 범죄가 될 만한 행위도 역시 사회적으로 결코 용납해서는 안 될 그런 행위에 국한해야 할 것이다. 이에 따라 단순히 질서위반에 불과한 경범죄처벌법에 규정되어 있는 범죄에 대해서는 그 일부분이 이미 비범죄화되어, 형벌이 아닌 범칙금부과로 대체되어 있다.

또한 형법은 다른 수단으로서는 사회질서유지가 불가능한 경우에 한하여 최후수단으로서 사용되어져야 한다. 예컨대 민법상으로나 행정법상으로도 해결이 가능하고, 또한 충분한 효과가 있으면, 굳이 형법적으로 해결할 필요가 없는 것이다. 그런 점에서 형법은 최후 수단적 성격을 지녀야 하고, 또한 최후수단으로서 어울리는 성격을 갖추어야 한다. 만일 그렇지 않다면, 사회의 법적 평화유지 내지 사회방위체계에 빈틈이 생기게 되어 사회의 혼란이 야기될 가능성이 커지게 된다. 형법은 기본적 인권존중을 그 이념으로 하고 있는 헌법에 구속되므로, 제아무리 형법상 효과가 있는 형벌이라 하더라도 기본적 인권을 본질적으로 침해하는 형벌은 그 정당성을 상실한다고 볼 것이다.

오늘날 우리 형법은 최후 수단적 성격을 충분히 구비하지 못한 탓인지, 형법 이외에 수많은 형식의 특별형법이 자리잡고 있다. 예를 들면 폭력행위 등 처벌에 관한 법률, 특정범죄 가중처벌 등에 관한 법률, 교통사고처리특례법 등 적지 않는 특별형법이 존재하고 있다. 그리고 이들 특별법의 특징은 법정형이 대체적으로 일반형법에서보다 훨씬 가중되어 있고, 적용범위가 매우 광범위하다는 점이다. 특별형법에 대한 검토와 현행 형법에 대한 재정비가 필요하다.

제2장 형벌제도

제1절 형벌의 의의와 정당성의 근거

형벌의 본질을 입장에 따라 상이하게 정의할 수 있겠지만, 여기서는 "범죄자가 범한 유책한 행위에 대하여 국가공권력이 범죄자에 가하는 참기 어려운 고통"이라고 정의할 수 있다. 따라서 형벌은 이러한 고통을 수반하므로 다른 수단에 의하여서는 결코 효과 있는 사회방위 내지 사회평화를 실현할 수 없는 경우에 한하여 예외적으로 사용해야 한다는 원리가 도출된다.

1. 기본권 보호를 위한 정당성

형벌은 인간의 공동생활을 위한 기본조건인 법질서 유지를 위하여 국가에 의해 행사되는 불가결의 수단이다. 국가는 형벌에 내재된 아주 강력한 강제력이라는 법률수단으로써 범죄를 억제하고, 사회적 안녕질서를 유지 수호하며, 이를 통해서 개인들의 기본적 인권 및 사회적 중요한 법익을 보호한다. 만일 국가권력이 범죄자의 범죄적 행위를 형벌이라는 수단으로 억제하지 않고, 다른 수단에 의존한다면, 그것은 결코 효과 있는 방법이 아니기 때문에 결국 국가는 국민 개개인의 중요한 법익보호를 포기하는 셈이 되는 것이다. 물론 형벌이 법질서유지를 위한 유일한 수단이

라고는 할 수 없지만, 형벌 이외의 수단으로도 법질서유지가 불가능할 때
는 기본적 인권을 포함한 사회생활상 중요한 법익보호를 위해 형벌에 의
한 사회질서유지는 불가피하다.

2. 정의감 실현을 위한 정당성

인간 사회는 정의감의 충족을 희구한다. 우리가 용납할 수 없는 범죄
행위에 대하여 형벌을 가하는 것은 범죄행위의 해악에 대하여 응분의 대
가를 요구하는 피해자 내지 일반사회대중의 욕구만족에 있는 것이다. 그
러므로 범죄자에 대한 적절한 조처 없이 그들을 우리와 같이 무조건 살아
가게 한다면, 우리 사회가 평화스런 공동체사회를 유지한다는 것은 불가능
할 것이다. 이런 점에서 볼 때, 국가의 형벌이 존재하지 않는다면, 인간
본성으로서의 정의감 충족욕구 때문에 개인들 사이에 사적 복수가 불가피
해질 것이고, 그 자체가 또 다른 법질서의 혼란을 야기한다는 것이다.

3. 개인적 반성을 위한 정당성

가해자인 범죄자 자신에 대해서도 형벌은 존재해야 할 필요성이 있
는 것이다. 모든 성숙한 인간이라면 누구나 윤리적 도덕관념을 갖기 때문
에, 자기의 잘못에 대하여 스스로 책임감을 느끼고, 잘못한 만큼 속죄를
하려는 경향을 가진다. 자기가 범한 죗값만큼 속죄함으로써 인간은 자신
의 죄책에서 해방된다는 느낌을 가질 수 있다. 즉 범인은 자신이 범한 범
죄행위에 대해 형벌을 통한 고통을 감수함으로써 그 자신의 죗값을 받기
를 희망하고, 이렇게 하여 속죄한 사람은 다시 사회로 복귀하게 된다. 따
라서 형벌은 범죄자에게 범죄의식을 통하여 범죄에 대한 자기반성의 기회
를 부여한다는 점에서 윤리적 정당성을 갖는 것이다.

제2절 자유형의 기본원리

　자유형은 그것이 지니는 내재적으로 불가피한 이유로 인해 수형자 개인의 자유를 박탈하는 것은 물론이고, 그에 따라 돌이킬 수 없을 정도의 명예훼손과 직업상실 등의 경제적 곤란의 야기 등을 가져와 수형자 자신뿐만 아니라, 그의 가족에게도 지대한 영향을 미친다. 더욱이 오늘날 시행되고 있는 자유형의 현실은 그 목적에 어울리기는커녕 수형자의 최저한의 인간다운 생활마저 위협하고 있을 뿐만 아니라 자유형으로 인한 역기능이 적지 않다는 것은 주지의 사실이 되어버렸다. 그러므로 자유형의 본래의 목적을 실현하기 위해서는 효과를 갖는 어떠한 수단이라도 사용될 수 있는 것이 아니라, 다음과 같은 인간 존중적 형사정책의 기본원리에 제한을 받아야 될 것이다.

1. 자유형의 보충성

　자유형이 당해 수형자의 삶의 터전을 초토화시키는 강력한 효과를 갖는 형벌일 때, 그것은 인간생활에 본질적으로 중요한 법익을 심하게 침해한 경우를 제외하고는 행사되어서는 아니 되며, 가능한 한 이보다 경미한 다른 제재수단을 사용해야 될 것이다. 형벌의 목적이 형벌을 통해서 인간을 자유롭고 평화스런 삶을 확장·유지하는 데 있는 것이라면, 인간이 인간답게 살기 위하여 인간의 자유를 극도로 파괴하는 자유형이 필요하다고 해서 무제한으로 사용한다는 것은 형벌의 목적으로서 자유형의 취지에 모순된다 할 것이다. 따라서 사회생활상 다소 혐오감을 주는 행위라고 해서 언제나 자유형이란 형벌로 대응할 것이 아니라, 민사상이나 행정법상의 제재수단에 의해서도 효과적인 조치를 위할 수 있는 한 형벌이란 제재는 유보해야 할 것이다. 비록 형벌이라는 제재가 불가피하여 자유형이라는 형벌을 사용할 때도 자유형의 역기능이 적지 아니하므로 범죄의 중요성과 사회방위를 위해 특히 필요한 경우가 아니며 자유형 이외의 다른 대체수단을 이용해야 할 것이다. 또한 실질적으로 자유형과 다름없는 신체의 자유를 박탈하는 구속도 불가피한 경우가 아니면 금지되어야 할 것이다.

2. 책임주의

인간의 자유로운 삶을 확보하기 위해서 자유형도 책임주의에 의한 제한을 받아야 할 것이다. 단순한 결과책임이나 책임질 수 없는 사항에 대하여 책임을 귀속하는 것은 인간의 사회적 활동의 자유를 위축시킴에 틀림없다. 따라서 제아무리 사회적으로 유해한 해악을 끼치는 행위라 하더라도 그런 행위를 이전에 법으로 금지하여 일반인이 그 금지를 알고 그에 따라 행위할 사정이 주어지지 않으면 그런 행위를 한 자에 대하여 비난할 수 없다고 해야 할 것이다. 따라서 책임원칙은 형벌의 전제조건이 된다. 그러므로 책임은 자유형의 성립근거로서 범죄자가 범한 그의 범행에 관하여 그 범죄자를 개인적으로 비난할 수 있는 것을 전제로 한다. 더 나아가 책임은 자유형의 한계로서 기능하는 것이므로 책임의 범위를 이탈하는 자유형을 금해야 한다. 이러한 책임은 따라서 자유형을 산정하는 데 있어서 기초가 될 뿐만 아니라 그 한계가 됨을 말한다.

3. 인간존중주의

우리 헌법이 보장하고 있는 인간의 존엄은 자유형으로 인해 근본적으로 침해될 수 없다(헌법 제10조). 인간성을 근본적으로 파괴하는 잔악하고 고통스런 자유형은 배제되어야 할 뿐만 아니라 수형자에 대한 비인간적 대우도 금지되어야 할 것이다. 비록 자유형을 불가피하게 부과할 경우

라도 인간존중주의 차원에서 볼 때 자유형으로 인하여 인간의 존엄이 본
질적으로 침해되는 그런 경우는 배척되어야 한다(헌법 제37조 제2항).

[저자 약력]
고려대학교 법과대학 및 동 대학원 졸업
법학박사
현, 신라대학교 교수

[저서]
법학개론(박영사)
공직법입문(공저, 박영사)
위드헌법(박영사)
헌법강의(삼조사)
헌법판례선(공저, 삼조사)
객관식헌법(삼조사)
조문판례헌법(삼조사)
행정법총론(피앤씨미디어)
행정법각론(피앤씨미디어)
공무원행정법(동방문화사)

제2판
법학개론

초판 발행	2020년 4월 5일
제2판 발행	2025년 3월 10일

지은이	권순현
펴낸이	안종만·안상준

편 집	문선미
기획/마케팅	박부하
표지디자인	권아린
제 작	고철민·김원표

펴낸곳　(주) **박영사**
서울특별시 금천구 가산디지털2로 53, 210호(가산동, 한라시그마밸리)
등록　1959. 3. 11. 제300-1959-1호(倫)

전 화	02)733-6771
f a x	02)736-4818
e-mail	pys@pybook.co.kr
homepage	www.pybook.co.kr
ISBN	979-11-303-4953-4　93360

* 파본은 구입하신 곳에서 교환해 드립니다. 본서의 무단복제행위를 금합니다.

정 가	15,000원